ERSTE AUSGABE - Veröffentlicht 2022

Extra Grafikmaterial von: www.freepik.com
Dank an: Alekksall, Starline, Pch.vector, Rawpixel.com, Vectorpocket, Dgim-studio, Upklyak, Macrovector, Stockgiu, Pikisuperstar & Freepik.com Designers

Kostenlose Online-Spiele Entdecken

Hier Erhältlich:

BestActivityBooks.com/FREEGAMES

5 TIPPS FÜR DEN ANFANG!

1) LÖSUNG DER RÄTSEL

Die Puzzles haben ein klassisches Format :

- Die Wörter sind ohne Abstand, Bindetrich usw… versteckt
- Richtung : vor-& rückwärts, auf & ab oder in der Diagonale (beider Richtungen)
- Die Wörter können übereinanderliegen oder sich kreuzen

2) AKTIVES LERNEN

Neben jedem Wort ist ein Abstand vorgesehen zum Aufschreiben der Übersetzung. Um ihre Kenntnisse zu überprüfen und zu erweitern befindet sich am Ende des Buches ein **WÖRTERBUCH**. Suchen sie die Übersetzungen, schreiben sie sie auf, dann können sie sie in den. Puzzles suchen und ihrem Wortschatz hinzufügen.

3) ANZEICHNUNG DER WÖRTER

Haben sie schon einmal versucht eine Anzeichnung zu verwenden? Sie könnten zum Beispiel die Wörter, die schwer zu finden sind, ankreuzen, die Wörter, die sie lieben, mit einem Stern, neue Wörter mit einem Dreieck, seltene Wörter mit einem Diamant usw … anzeichnen

4) IHR LERNEN ORGANISIEREN

Am Ende dieser Ausgabe bieten wir auch ein praktisches **NOTIZBUCH** an. Ob im Urlaub, auf Reisen oder zu Hause, sie können ihr neues Wissen ganz einfach organisieren, ohne ein zweites Notizbuch zu benötigen!

5) SIND SIE AM SCHLUSS ?

Gehen sie zum Bonusbereich : **MONSTER-HERAUSFÖRDERUNG,** um ein kostenloses Spiel zu finden, das am Ende dieser Ausgabe angeboten wird !

Lust auf mehr Spaß und **Lernaktivitäten? Schnell und einfach :** eine ganze Spielbuchsammlung mit einem einzigen Klick erhaltbar :

Mit diesem Link finden sie ihre nächste Herausforderung :

BestActivityBooks.com/MeineNachsteWortsuche

Achtung, fertig, ... Los !!

Wussten sie, dass es auf der Welt ungefähr 7.000 verschiedene Sprachen gibt ? Wörter sind kostbar.

Wie lieben Sprachen und haben schwer daran gearbeitet, die Bücher von höchster Qualität für sie zu entwerfen. Unsere Zutaten ?

Eine Auswahl von angepassten Lernthemen, drei große Scheiben Spaß, dann fügen wir einen Löffel schwieriger Wörter und eine Prise seltener Wörter hinzu. Wir servieren sie mit Sorgfalt und ein Maximum an Freude, damit sie die besten Wortspiele lösen und Spaß am Lernen haben.

Ihre Meinung ist wichtig. Sie können aktiv zum Erfolg dieses Buches beitragen, indem sie uns eine Bemerkung hinterlassen. Sagen sie uns, was ihnen an dieser Ausgabe am besten gefallen hat !!

Hier ist ein kurzer Link, der sie zu ihrer Bewertungsseite führt

BestBooksActivity.com/Rezension50

Vielen Dank für ihre Hilfe und viel Spaß

Linguas Classics

1 - Ozean

E	K	I	И	C	A	H	Š	O	T	J	U	P	P
Y	U	R	L	B	R	O	K	S	A	K	I	T	V
P	M	G	A	D	I	B	A	T	L	B	Y	U	L
U	P	N	G	B	E	O	M	R	A	B	Y	N	P
O	L	U	J	A	A	T	P	I	S	N	J	A	B
M	I	I	S	U	K	N	I	G	A	E	G	B	J
J	M	D	E	L	F	I	N	A	M	R	I	B	E
K	E	N	B	P	J	C	G	R	E	B	E	N	G
O	T	R	D	A	Č	E	K	S	D	C	U	J	U
K	O	R	N	J	A	Č	A	Z	U	B	I	L	L
P	P	T	K	K	M	L	U	M	Z	N	P	S	J
P	Y	D	S	U	A	S	N	A	A	Z	Đ	V	A
K	O	R	A	L	C	И	O	P	I	S	O	E	N
Z	E	D	I	A	G	Y	Y	G	U	L	R	T	R

JEGULJA
OSTRIGA
ČAMAC
DELFIN
RIBE
ŠKAMPI
PLIME
AJKULA
KORAL
KRABA

HOBOTNICE
MEDUZA
GREBEN
SO
KORNJAČA
SUNĐER
OLUJA
TUNA
KIT
TALASA

2 - Schule #1

```
K  V  I  Z  И  G  D  R  E  S  A  Z  M  G
A  L  P  S  G  T  G  U  S  T  Z  C  K  Y
И  F  G  Y  T  C  U  Č  I  O  N  I  C  A
A  J  C  S  I  O  Y  A  O  L  O  V  K  A
A  Z  A  T  Z  L  L  K  A  U  F  L  A  P
Z  L  P  И  D  O  C  I  A  P  A  P  I  R
E  A  F  И  I  V  Y  S  C  J  S  O  U  I
S  T  B  A  H  K  V  P  И  A  C  D  Č  J
E  K  P  A  B  E  P  I  N  U  I  G  I  A
Y  N  R  L  V  E  F  T  K  R  K  O  T  T
K  J  K  P  L  A  T  A  L  G  L  V  E  E
B  I  B  L  I  O  T  E  K  E  E  O  L  L
F  G  Z  E  B  R  O  J  E  V  E  R  J  J
N  E  M  A  T  E  M  A  T  I  K  E  O  I
```

ALFABET	FASCIKLE
ODGOVORE	PAPIR
BIBLIOTEKE	ISPITA
OLOVKA	KVIZ
KNJIGE	STOLU
PRIJATELJI	ZABAVA
UČIONICA	OLOVKE
UČITELJ	STOLICA
MATEMATIKE	BROJEVE
RUČAK	

3 - Meditation

```
T  A  V  P  B  U  D  A  N  J  T  H  Z  J
I  S  Z  R  T  A  K  J  V  F  D  T  A  P
Š  S  D  I  S  A  N  J  E  A  V  T  H  O
I  R  A  R  U  A  J  M  I  S  L  I  V  K
N  E  O  O  L  Y  R  D  K  И  F  J  A  R
A  Ć  P  D  S  R  T  I  N  C  P  J  L  E
M  A  J  A  M  E  N  T  A  L  N  E  N  T
U  Č  E  N  J  A  Ć  U  P  M  M  J  O  D
Z  O  Y  T  M  A  O  A  M  I  V  A  S  P
I  V  M  O  K  F  G  Y  N  R  H  S  T  A
K  M  I  R  N  O  V  P  U  J  O  N  D  Ž
A  M  B  T  P  T  G  E  M  G  E  O  C  N
P  R  I  H  V  A  T  A  N  J  E  Ć  U  J
P  E  R  S  P  E  K  T  I  V  E  E  P  A
```

PRIHVATANJE	UČENJA
DISANJE	SAOSEĆANJE
PAŽNJA	MUZIKA
POKRET	PRIRODA
ZAHVALNOST	PERSPEKTIVE
MIR	MIRNO
MISLI	TIŠINA
MENTALNE	UM
SREĆA	BUDAN
JASNOĆE	

4 - Meisterschaft

```
S  U  D  I  J  A  P  E  I  S  A  D  L  A
P  T  I  M  P  R  V  A  K  B  T  E  A  D
N  R  R  U  P  S  O  V  U  T  O  E  D  M
S  A  V  A  F  I  N  A  L  I  S  T  A  O
P  L  S  E  T  L  I  G  A  I  P  T  T  T
O  K  C  T  N  E  M  S  T  G  O  R  U  I
R  A  U  L  U  S  G  R  R  R  B  E  R  V
T  S  R  L  L  P  T  I  И  E  E  N  N  A
M  E  D  A  L  J  A  V  J  J  D  E  I  C
Z  N  O  J  E  N  J  E  O  U  A  R  R  I
B  T  C  M  Z  M  И  К  C  И  A  P  I  J
I  Z  D  R  Ž  L  J  I  V  O  S  T  I  A
T  T  Y  C  L  N  O  M  O  Y  L  J  Y  L
N  E  И  F  U  S  S  R  I  G  M  A  F  Y
```

IZDRŽLJIVOSTI
PRVAK
FINALISTA
LIGA
TIM
MEDALJA
PRVENSTVO
MOTIVACIJA
NASTUP

SUDIJA
ZNOJENJE
POBEDA
IGRE
SPORT
STRATEGIJU
TRENER
TURNIR

5 - Insekten

```
S O O H G B U V A I H G P C
K K S Z B U U O M G O V L V
O I A A U B U B R T N C A R
M Y U K B A D B A C R V R Č
A L Š S A T P Y T M Z P V C
R E I G Š V M R A V A O A I
A P R S V L A F M U O R O A
C T E P A Y D C O P Y Z A M
M I N G B P Č E L A N G P A
Z R I P A V V L J L O M K N
И U H H A S U J A P B P M T
T E R M I T R N C T S Y N I
V I L I N K O N J I C U D S
S T R Š L J E N A C C M U R
```

MRAV	VILIN KONJIC
PČELA	BUBAMARA
UŠIRENIH	MOLJAC
BUVA	KOMARAC
MANTIS	LEPTIR
SKAKAVAC	TERMIT
STRŠLJENA	OSA
BUBAŠVABA	CRV
BUBA	CVRČCI
LARVA	

6 - Dinosaurier

```
P  L  E  N  F  F  O  S  I  L  A  M  A  V
R  R  N  F  N  A  И  G  A  R  C  O  Y  R
E  V  A  L  R  L  B  M  R  O  P  Ć  R  S
P  E  M  I  F  D  I  P  Y  O  J  A  K  T
A  L  E  Z  S  A  L  H  K  L  M  N  S  E
M  I  S  L  V  T  J  I  O  D  S  N  Z  U
A  Č  O  O  E  V  O  L  U  C  I  J  E  V
M  I  J  B  J  V  J  R  A  C  E  O  M  E
U  N  E  N  E  R  E  R  I  K  R  I  L  A
T  A  D  A  D  E  D  L  B  J  F  V  J  I
E  Y  R  C  S  P  Z  R  I  V  S  Y  E  H
B  I  C  N  N  T  C  R  N  K  G  K  G  И
V  H  V  O  B  I  K  R  O  Y  A  M  I  G
Y  И  B  Y  B  L  N  E  S  T  A  N  A  K
```

SVEJED
VRSTE
PLEN
ZLOBNA
OGROMNE
ZEMLJE
EVOLUCIJE
MESOJED
KRILA
FOSILA

VELIKA
VELIČINA
MOĆAN
MAMUT
BILJOJED
PRAISTORIJSKI
REPTIL
REP
NESTANAK

7 - Obst

```
J  B  A  L  P  E  P  P  T  A  G  N  U  Y
N  G  A  I  L  N  O  A  B  A  N  A  N  E
V  O  T  M  J  A  M  P  T  V  C  A  N  E
N  B  G  U  R  V  O  A  A  O  E  D  N  F
V  I  Š  N  J  E  R  J  F  K  N  E  H  H
F  I  O  P  A  F  A  A  J  A  L  G  K  N
K  D  O  L  B  K  N  V  F  D  I  N  J  A
B  I  L  A  U  A  D  M  H  O  A  Z  A  B
G  E  V  M  K  J  Ž  K  R  U  Š  K  E  R
Y  R  R  I  A  S  A  M  A  L  I  N  E  E
E  A  O  R  U  I  K  U  P  I  N  A  L  S
P  F  P  Ž  I  J  K  O  K  O  S  C  H  K
R  M  H  O  Đ  Đ  A  N  A  N  A  S  B  V
S  N  E  K  T  A  R  I  N  A  P  Z  O  E
```

ANANAS	KIVI
JABUKA	KOKOS
KAJSIJE	DINJA
AVOKADO	NEKTARINA
BANANE	POMORANDŽA
BERRI	PAPAJA
KRUŠKE	BRESKVE
KUPINA	PLAM
MALINE	GROŽĐA
VIŠNJE	LIMUN

8 - Schule #2

```
A  A  Č  A  R  И  O  V  K  P  И  L  U  F
A  U  I  Z  И  F  L  I  N  A  U  E  B  B
O  C  T  T  T  G  O  K  J  P  Č  A  I  I
K  I  A  O  O  A  V  E  I  I  I  И  O  B
Y  S  N  R  B  U  K  N  Ž  R  T  U  L  L
N  B  J  E  R  U  E  D  E  A  E  N  O  I
A  I  E  Č  A  K  S  E  V  Č  L  M  V  O
U  G  P  N  Z  N  И  A  N  U  J  A  K  T
K  U  G  I  O  J  A  L  O  N  P  K  A  E
E  M  H  K  V  I  J  L  S  A  G  A  P  K
I  I  H  P  A  G  O  I  T  R  B  Z  G  E
Y  C  V  V  N  E  U  Č  E  N  J  E  F  P
Y  A  R  A  J  G  R  A  M  A  T  I  K  E
P  K  A  L  E  N  D  A  R  A  N  A  C  O
```

BIBLIOTEKE	ČITANJE
OBRAZOVANJE	KNJIŽEVNOST
OLOVKA	PAPIR
AUTOBUS	GUMICA
KNJIGE	RANAC
RAČUNAR	MAKAZE
GRAMATIKE	OLOVKE
KALENDAR	NAUKE
UČITELJ	VIKENDE
UČENJE	REČNIK

9 - Spielzeuge

```
A C U G G I A J K L E J U M
R E P D U P Y V A N H V D T
O K C D A R C O M R J E M Y
B I C I K L Š Z I K P I Y J
O U K S U O A L O O P G G M
T S P V E T H F N L F R R E
A V I O N L O P T A U E E C
U J A Z M A J V N I U T V H
G Z T H P Z Č L P G T V K B
Z A N A T A B A S F F И R A
B U B N J E V I M A Š T E L
P A F P И S L A G A L I C A
O M I L J E N I I O C R E L
И I A T U F H N I C Y L H T
```

KOLA
LOPTA
ČAMAC
KNJIGE
ZMAJ
BICIKL
OMILJENI
AVION
ZANATA
KAMION

MAŠTE
LUTKA
SLAGALICA
ROBOT
ŠAH
BUBNJEVI
IGRE
KLEJ
VOZ

10 - Komödie

```
B И Š G L U M I C A I J Z A
D Y G A H A H B T P M Z Y B
U A L T L Z E U Y L P J T K
И И U B D E B I R A R M F L
A O M Z G Z F Y H U O C S O
Ž P A R O D I J A Z V S M V
A J C H Z E P U B L I K E N
N F И S U A A L D P Z N H A
R J I U R M B S D V A T N O
S M E Š N O O A И M C S M R
D T K Z P G B R V P I B A D
P O Z O R I Š T E A J T A S
T E L E V I Z I J A E U K E
I Z R A Ž A J A N L T P Y Z
```

APLAUZ	SMEH
IZRAŽAJAN	PARODIJA
KLOVNA	PUBLIKE
TELEVIZIJA	GLUMAC
ŽANR	GLUMICA
HUMOR	ZABAVA
IMPROVIZACIJE	POZORIŠTE
SMEŠNO	ŠALE

11 - Camping

```
N  J  K  E  I  I  И  R  Z  G  H  K  Z  A
V  R  A  L  N  Y  K  O  N  O  P  A  C  V
J  F  S  J  S  C  C  V  H  N  Z  B  B  A
F  E  N  J  E  R  F  U  I  L  R  I  O  N
L  J  R  P  K  A  N  U  J  S  M  N  B  T
Ž  I  V  O  T  I  N  J  E  L  E  E  K  U
Š  N  U  Ž  M  A  P  A  Z  O  S  Ć  Š  R
U  P  L  A  N  I  N  E  E  V  E  P  A  A
M  A  P  R  K  Z  A  R  R  A  C  R  T  L
A  Z  S  V  И  O  A  T  O  K  E  I  O  E
N  И  A  E  B  И  M  B  P  Z  I  R  R  C
P  V  L  A  F  A  J  P  A  R  U  O  D  F
Y  P  M  Š  E  Š  I  R  A  V  F  D  S  D
N  E  И  G  Z  A  H  M  L  S  A  A  Z  V
```

AVANTURA
PLANINE
POŽAR
VISEĆA
ŠEŠIR
INSEKT
LOV
KABINE
KANU
MAPA

KOMPAS
FENJER
MESEC
PRIRODA
JEZERO
KONOPAC
ZABAVA
ŽIVOTINJE
ŠUMA
ŠATOR

12 - Zeit

```
P  O  S  L  E  C  P  I  L  K  Z  G  R  Z
J  U  T  R  O  H  И  G  V  J  Y  O  A  Y
R  S  O  P  O  D  N  E  H  U  D  D  N  O
M  K  H  R  L  A  N  O  G  Č  A  I  O  S
P  P  V  E  K  N  E  S  Ć  E  N  Š  O  A
M  O  K  C  Y  A  D  G  O  D  I  N  A  T
J  E  T  O  P  S  E  O  F  K  M  J  P  M
V  F  S  A  D  A  L  E  A  A  J  E  P  L
D  E  C  E  N  I  J  E  L  L  O  T  E  P
F  H  G  O  C  F  A  F  G  E  C  O  O  F
T  F  F  C  G  A  L  A  R  N  Z  S  A  И
T  T  G  A  A  F  U  A  A  D  P  Z  D  O
B  U  Z  A  M  I  N  U  T  A  U  V  K  P
B  U  D  U  Ć  N  O  S  T  R  A  P  N  G
```

RANO	PODNE
JUČE	MESECA
DANAS	JUTRO
GODINA	POSLE
VEK	NOĆ
DECENIJE	DAN
GODIŠNJE	SAT
SADA	PRE
KALENDAR	NEDELJA
MINUT	BUDUĆNOST

13 - Säugetiere

```
Z E B R A D D V E L I J K Z
G R F N P L P P F Z L B I K
L P E B A D P A N T E R T E
E S K O K D A S L O I K T L
G M S L O N C N Z B И G J V
O E A R N S O U A E Y T A И
R D Ž J J Y V K O J O T A R
I V I L M E U D V J U N T L
L E R D I U K R C A T H M A
A D A O A S N K E N G U R V
Y Z F V И A I V N P D V V P
S M A U A Z V C N P N Y H M
И R D A B A R Z A K B F L И
O M C R O K I D D Z A O Z S
```

MAJMUN	LAV
MEDVED	PANTER
DABAR	KONJ
SLON	PACOV
LISICA	OVCE
ŽIRAFA	BIK
GORILA	TIGAR
PAS	KIT
KENGUR	VUK
KOJOTA	ZEBRA

14 - Astronomie

```
N  S  V  E  M  I  R  A  R  V  R  T  Z  N
E  A  A  R  N  A  J  B  J  S  T  E  V  E
B  C  A  A  S  T  R  O  N  O  M  L  E  B
O  Y  G  K  S  A  H  P  R  M  M  E  Z  U
A  V  R  E  U  T  B  B  O  E  I  S  D  L
F  K  I  T  P  M  R  B  G  S  V  K  A  A
S  A  N  A  E  K  O  O  Y  E  N  O  Z  H
A  S  T  E  R  O  I  D  N  C  K  P  O  V
Z  A  U  R  N  M  Z  O  O  A  H  Y  D  M
V  T  T  B  O  E  P  E  R  A  U  D  I  E
E  E  E  A  V  T  A  E  M  P  A  T  J  T
Ž  L  Y  G  A  A  Z  O  A  L  Z  I  A  E
Đ  I  K  O  S  M  O  S  C  Y  J  E  K  O
E  T  P  L  A  N  E  T  E  F  P  E  A  R
```

ASTEROID	NEBULA
ASTRONAUTA	PLANETE
ASTRONOM	RAKETA
ZEMLJE	SATELIT
NEBO	ZVEZDA
KOMETA	SUPERNOVA
SAZVEŽĐE	TELESKOP
KOSMOS	ZODIJAKA
METEOR	SVEMIR
MESEC	

15 - Ballett

```
A  L  G  R  A  C  I  O  Z  A  N  P  K  M
R  K  E  I  P  R  O  B  E  S  D  U  O  Z
I  P  S  T  L  T  E  H  N  I  K  A  R  M
O  N  T  A  A  H  A  V  Z  B  K  Y  E  L
B  R  T  M  U  Z  I  K  A  H  E  M  O  I
P  A  K  E  Z  P  U  B  L  I  K  E  G  Z
Z  P  L  E  N  P  L  E  S  A  Č  A  R  R
R  D  D  E  S  Z  R  K  T  O  V  J  A  A
O  K  L  Z  R  T  I  P  I  A  E  S  F  Ž
P  K  R  M  K  I  A  T  L  U  Š  O  I  A
P  C  O  F  F  A  N  R  E  D  T  L  J  J
M  I  Š  I  Ć  A  J  A  J  T  I  O  A  A
K  O  M  P  O  Z  I  T  O  R  N  D  Z  N
U  M  E  T  N  I  Č  K  E  N  A  A  C  I
```

GRACIOZAN	MUZIKA
APLAUZ	MIŠIĆA
IZRAŽAJAN	ORKESTAR
BALERINA	PROBE
KOREOGRAFIJA	PUBLIKE
VEŠTINA	RITAM
GEST	SOLO
INTENZITET	STIL
KOMPOZITOR	PLESAČA
UMETNIČKE	TEHNIKA

16 - Strand

```
O Z P J G P M P Y N L R B K
B S K J O R P A A V A Y V I
A C И P C E F I N G S R Š
L B Z R C N Š B J T U A A O
E J D T V H K И E I N N T B
Č A M A C O I P T N E D H R
S T O D M O R И L V S A K A
A M R K R A B A U Y J L U N
V S E I И C S U N C E E P J
S N P L A V A P J H S Y P A
K J E D R I L I C A U Z H A
D R S K P Y J N U N T J K A
P O A Y L F S M A D L T I R
U O K E A N И J U A S A J L
```

PLAVA	OKEAN
ČAMAC	KIŠOBRAN
DOK	GREBEN
PEŠKIR	PESAK
OSTRVO	SANDALE
KRABA	JEDRILICA
OBALE	SUNCE
LAGUNE	ODMOR
MORE	

17 - Restaurant #1

```
H  B  D  G  C  U  E  S  K  D  R  T  A  Č
P  L  O  Č  A  G  J  Z  O  E  E  H  L  I
Z  A  E  F  K  P  G  И  N  S  Z  R  E  N
A  G  K  B  H  I  P  C  O  E  E  A  R  I
Č  A  G  C  U  L  J  U  B  R  R  N  G  J
I  J  A  U  M  E  S  A  A  T  V  A  I  U
N  N  T  J  E  L  P  M  R  L  A  J  J  E
J  I  D  L  N  R  Y  E  I  S  C  E  E  S
E  K  G  L  I  I  B  K  C  S  I  B  U  A
N  M  N  И  I  N  O  A  A  M  J  J  E  L
O  A  D  K  G  A  Z  F  U  T  E  A  M  V
K  U  H  I  N  J  A  A  B  A  S  B  Y  E
R  Z  N  V  I  O  S  I  D  T  J  T  P  T
T  V  M  V  I  O  Ž  I  Z  O  P  D  J  A
```

ALERGIJE	KUHINJA
HLEB	MENI
DESERT	NOŽ
HRANA	REZERVACIJE
MESA	ČINIJU
PILE	SALVETA
KAFA	SOS
BLAGAJNIK	PLOČA
KONOBARICA	ZAČINJENO

18 - Geologie

```
K  K  H  S  J  J  M  V  P  F  P  M  B  G
J  O  A  M  P  N  K  L  L  A  V  A  Z  E
S  R  N  V  S  T  A  L  A  K  T  I  T  J
O  A  M  T  E  S  M  H  T  K  R  S  R  Z
K  L  D  И  I  R  E  Z  O  P  V  T  B  I
R  E  N  P  U  N  N  N  M  B  P  A  V  R
V  U  L  K  A  N  E  A  M  J  R  L  R  J
E  R  O  Z  I  J  E  N  J  И  R  A  P  C
M  I  N  E  R  A  L  A  T  A  V  G  I  H
Z  E  M  L  J  O  T  R  E  S  J  M  G  M
K  I  S  E  L  I  N  E  F  O  S  I  L  Z
K  A  L  C  I  J  U  M  I  O  F  T  F  O
R  A  S  T  O  P  L  J  E  N  I  A  G  N
L  Y  A  L  S  Y  T  N  U  T  A  G  G  I
```

ZEMLJOTRES	MINERALA
EROZIJE	PLATO
FOSIL	KVARC
RASTOPLJENI	SO
GEJZIR	KISELINE
KAVERNA	STALAGMITA
KALCIJUM	STALAKTIT
KONTINENT	KAMEN
KORAL	VULKAN
LAVA	ZONI

19 - Wissenschaft

```
E  B  Y  N  A  V  P  R  P  I  V  K  G  O
K  B  I  L  J  K  E  R  D  F  O  J  R  R
S  A  E  V  O  L  U  C  I  J  E  O  A  G
P  D  Y  Z  B  O  M  B  Y  R  Z  A  V  A
E  Y  E  P  R  P  O  L  L  S  O  I  I  N
R  O  S  H  J  C  L  M  E  T  O  D  T  I
I  H  I  P  O  T  E  Z  E  V  F  M  A  Z
M  L  Č  D  L  G  K  I  B  A  I  I  C  M
E  K  B  E  Z  B  U  M  T  R  Z  N  I  A
N  L  F  O  S  I  L  B  U  I  I  E  J  J
T  I  P  N  I  T  A  A  A  A  K  R  E  U
A  M  S  A  A  D  I  H  T  R  E  A  T  G
A  A  I  V  Н  И  P  C  H  O  A  L  B  E
P  O  D  A  T  A  K  A  E  M  M  A  Y  E
```

ATOM	MOLEKULA
PODATAKA	PRIRODA
EVOLUCIJE	ORGANIZMA
EKSPERIMENT	ČESTICE
FOSIL	BILJKE
HIPOTEZE	FIZIKE
KLIMA	GRAVITACIJE
METOD	STVARI
MINERALA	

20 - Bildende Kunst

```
A U H P U G A L J O V H T V
R M G O E C A L G L I N E O
H E A R B R C A P O K P Y S
I T F T L G S K Y V M T I A
T N O R C S K P F K A U И K
E I T E C K M R E A K R P T
K K O T L U C D E K M S M B
T R G F I L M O R D T S F D
U L R I M P U C Z D E I G M
R L A K K T Š A B L O N V V
A T F O И U S A S T A V R E
A Z I N U R E M E K D E L O
P S J K R E A T I V N O S T
S T A L A K E R A M I K E O
```

ARHITEKTURA
OLOVKA
FILM
FOTOGRAFIJA
UGALJ
KERAMIKE
KREATIVNOST
KREDE
UMETNIK
LAK

REMEK-DELO
PERSPEKTIVE
PORTRET
ŠABLON
SKULPTURE
STALAK
GLINE
VOSAK
SASTAV

21 - Sport

```
B  N  B  C  B  M  V  A  И  P  F  J  B  A
S  L  H  Z  G  A  T  E  N  I  S  T  I  B
Z  P  G  I  M  N  A  S  T  I  K  E  C  E
S  H  O  K  E  J  Y  M  S  M  L  D  I  J
P  T  L  R  G  U  J  H  U  K  T  K  K  Z
R  R  A  V  T  Z  A  H  D  O  I  V  L  B
V  E  P  D  L  I  C  L  I  Š  S  G  И  O
E  N  I  D  I  S  S  P  J  A  I  O  R  L
N  E  M  Z  G  O  U  T  A  R  T  L  F  A
S  R  A  P  R  B  N  S  A  K  I  F  Y  A
T  I  K  D  A  R  B  A  S  U  M  U  O  R
V  Z  A  P  Č  O  R  M  P  S  A  L  I  G
O  E  N  И  P  G  Z  P  O  K  R  E  T  P
P  O  B  E  D  N  I  K  И  I  P  K  C  P
```

SPORTISTA	GIMNASTIKE
BEJZBOL	TIM
KOŠARKU	PRVENSTVO
POKRET	SUDIJA
HOKEJ	IGRA
BICIKL	IGRAČ
POBEDNIK	STADION
GOLF	TENIS
SALI	TRENER

22 - Mythologie

```
H  K  D  R  N  D  V  D  O  J  D  F  G  K
E  S  N  A  G  E  G  C  J  V  A  H  H  A
R  G  G  T  R  S  B  Z  F  S  R  M  V  T
O  K  I  N  M  M  B  E  V  T  H  И  L  A
J  U  F  I  L  R  B  O  S  V  E  T  A  S
A  L  M  K  J  T  A  A  L  A  T  L  V  T
A  T  A  A  A  N  E  M  J  R  I  E  I  R
I  U  G  Y  V  I  A  K  U  A  P  G  R  O
M  R  I  J  I  G  G  I  B  N  T  E  I  F
D  A  Č  I  N  C  D  P  O  J  H  N  N  E
H  И  N  H  A  V  Y  L  M  E  K  D  T  A
H  B  E  S  M  R  T  N  O  S  T  A  Z  H
U  F  B  D  S  T  V  O  R  E  N  J  E  H
Č  U  D  O  V  I  Š  T  E  M  U  N  J  E
```

ARHETIP
MUNJE
GRMLJAVINA
LJUBOMORE
HEROJ
NEBESA
KATASTROFE
STVARANJE
STVORENJE
RATNIK

KULTURA
LAVIRINT
LEGENDA
MAGIČNE
ČUDOVIŠTE
OSVETA
SNAGE
SMRTNI
BESMRTNOST

23 - Restaurant #2

```
V  D  N  S  J  V  I  L  J  U  Š  K  A  U
P  V  L  O  A  P  J  A  N  V  H  U  E  Z
I  E  V  S  J  L  F  V  O  D  A  P  J  O
V  Č  V  Y  A  G  A  A  P  L  A  P  P  P
R  E  Z  A  N  C  I  T  S  U  P  A  S  J
U  R  H  Z  G  P  Z  C  A  T  O  R  T  A
K  A  Š  I  K  A  S  A  P  U  S  U  O  N
U  C  I  S  A  G  K  H  Č  R  Y  Č  L  A
S  P  O  V  R  Ć  E  P  N  I  C  A  I  P
N  C  K  O  P  Z  L  K  H  B  N  K  C  I
O  F  Z  Ć  E  И  N  A  L  E  D  I  A  T
H  O  Y  E  S  B  E  A  Z  N  Z  E  E  A
D  P  J  K  B  G  R  P  T  G  G  I  I  K
I  P  Y  A  B  T  A  C  Z  H  S  P  И  J
```

VEČERA	UKUSNO
JAJA	TORTA
LED	KAŠIKA
RIBE	RUČAK
VOĆE	REZANCI
VILJUŠKA	SALATA
POVRĆE	SO
NAPITAK	STOLICA
ZAČINI	SUPA
KELNER	VODA

24 - Ökologie

```
O  C  R  B  M  L  V  R  E  S  U  R  S  E
T  P  P  A  Y  O  P  R  I  R  O  D  A  J
A  B  S  K  S  L  Č  L  S  J  J  B  P  T
O  I  B  T  T  E  A  V  G  T  P  Y  O  P
G  L  O  B  A  L  N  O  A  O  E  F  B  A
B  J  Ρ  И  N  И  M  O  R  S  K  I  H
E  K  Z  O  I  И  A  B  K  N  A  F  S  R
H  E  J  G  Š  O  H  K  L  I  M  A  U  A
V  E  G  E  T  A  C  I  J  E  F  U  Š  D
C  B  K  A  E  F  L  O  R  E  C  N  E  H
O  D  R  Ž  I  V  O  L  O  N  T  E  R  A
N  G  И  P  L  A  N  I  N  E  J  U  V  H
Z  A  J  E  D  N  I  C  E  A  R  B  D  Z
P  R  I  R  O  D  N  O  A  K  D  N  D  L
```

VRSTE	MORSKIH
PLANINE	ODRŽIV
SUŠE	PRIRODA
FAUNE	PRIRODNO
FLORE	BILJKE
VOLONTERA	RESURSE
ZAJEDNICE	MOČVARA
GLOBALNO	OPSTANAK
KLIMA	VEGETACIJE
STANIŠTE	

25 - Schokolade

```
R O M I L J E N I И U S B V
E P P C K G F G E C P L P P
C G C D M J Š E Ć E R A P I
E K Z K A K A O L A A T Y U
P I A O U P P P T H H K I M
T K N D T S C E L F И O A F
K I A N T I O K S I D A N S
V R T A J T Č U K U S N O A
A I S G Z A T N K O K O S S
L K K J O J L Y E U E I P T
I I I S F R D R D A S E T O
T L P R T T K A R A M E L J
E K L P I B L A R O M E P A
T J L L K A L O R I J A H K
```

ANTIOKSIDANS
AROME
GORKA
KIKIRIKI
EGZOTIČNE
OMILJENI
UKUS
ZANATSKI
KAKAO
KALORIJA

KARAMEL
KOKOS
UKUSNO
PRAH
KVALITET
RECEPT
SLATKO
ŠEĆERA
SASTOJAK

26 - Boote

```
O K E A N J I Z L B Y O A P
K O U B L E C J Z O F A N D
J A H T E Z S O B V D Y И K
U H J T N E U I F A C H A I
A T F A C R K O D M O T O R
T R M K K O O I C R V D K E
A A O O K A N U V G O D O K
L J P D R O O P O S A D E E
A E E N K N P P H O G Z V J
S K J Y F Z A A H U C O Z A
A T A V A G C R T C R N C R
J E D R I L I C A M O R E B
S P L A V C L N F L R M B O
C N A U T I Č K I H K M C L
```

SIDRO	MORE
BOVA	MOTOR
POSADE	NAUTIČKIH
DOK	OKEAN
TRAJEKT	JEZERO
SPLAV	MORNAR
REKE	JEDRILICA
KAJAK	KONOPAC
KANU	TALASA
JARBOL	JAHTE

27 - Stadt

```
A E R O D R O M D P S G U K
P T R Ž I Š T E H O U T N L
C V E Ć A R V Z M Z P B I I
Y B S T A D I O N O E A V N
N I T B E D O O A R R N E I
E B O L I L B V И I M K R C
J L R P E O M R N Š A E Z I
H I A E E Š S T A T R G I M
P O N F M K S K E E K H T U
E T T И O O A P O T E K E Z
K E I E A L S P L P T I T E
A K F S L A V Y T J A N И J
R E K N J I Ž A R A N G N J
A I G A L E R I J A U T P E
```

APOTEKE	KLINICI
BANKE	TRŽIŠTE
PEKARA	MUZEJ
BIBLIOTEKE	RESTORAN
CVEĆAR	ŠKOLA
KNJIŽARA	STADION
AERODROM	SUPERMARKETA
GALERIJA	POZORIŠTE
HOTEL	UNIVERZITET
BIOSKOP	ZOO VRT

28 - Aktivitäten

```
R B L P L Č I T A N J E L N
Y S F O T O G R A F I J E B
M A G I J A V I G P E Z K H
U M E T N O S T G P Y A A Z
P L E T E N J E N R B D M S
K E R A M I K E A C E O P L
Z B A Š T O V A N S T V O O
Z P L L L Z J L O E O V B
E N J O И T A B K I F L A O
R J P I P Y T N P K E J N D
R I B O L O V K A U M S J N
J Š I V E N J E P T V T E O
S E B A S O A J A C A V M A
R E L A K S A C I J A O V N
```

RIBOLOV	UMETNOST
KAMPOVANJE	ZANATA
RELAKSACIJA	ČITANJE
FOTOGRAFIJE	MAGIJA
SLOBODNO	ŠIVENJE
BAŠTOVANSTVO	IGRE
SLIKU	PLETENJE
LOV	PLES
KERAMIKE	ZADOVOLJSTVO

29 - Bienen

```
G  I  A  Z  D  E  K  O  S  I  S  T  E  M
M  N  G  C  I  S  T  A  N  I  Š  T  E  F
Z  S  B  R  M  K  O  R  I  S  T  A  N  R
P  E  V  A  N  L  R  O  J  V  O  S  A  K
T  K  O  S  S  N  B  A  I  U  И  Y  P  F
B  T  Ć  P  N  K  K  I  L  J  Y  B  O  C
I  B  E  K  R  I  L  A  L  J  F  J  L  V
J  P  P  O  B  A  Š  T  A  J  I  M  E  D
J  C  D  Š  T  F  Š  A  M  Z  K  C  N  J
S  S  U  N  C  E  Z  I  F  P  A  E  A  Y
F  I  F  I  V  F  E  C  V  E  Ć  E  F  U
I  U  И  C  E  D  C  E  E  A  V  P  Y  P
H  F  Y  E  T  N  C  A  B  Y  Č  Z  D  T
R  A  Z  N  O  L  I  K  O  S  T  P  P  И
```

OPRAŠIVAČ	STANIŠTE
KOŠNICE	EKOSISTEM
CVEĆE	BILJKE
CVET	POLEN
KRILA	DIM
VOĆE	ROJ
BAŠTA	SUNCE
MED	RAZNOLIKOST
INSEKT	KORISTAN
KRALJICA	VOSAK

30 - Wissenschaftliche Disziplinen

```
E G E O L O G I J E A U P Y
B K C A E U Z Z N Z S R Z И
I E O L I N G V I S T I K E
O K J L C K P N R R Z P E
L C A H O H C V I T O K I V
O L P И И G B O T A N I K E
G V Y N E K I D A A O A H M
I I D F I E Z J E P M E E E
J Z D F U U J P E M I E M H
E P S I H O L O G I J E I A
I M U N O L O G I J E H J N
M Y N E U R O L O G I J E I
T E R M O D I N A M I K E K
F I Z I O L O G I J E H E E
```

ASTRONOMIJE
BIOLOGIJE
BOTANIKE
HEMIJE
GEOLOGIJE
IMUNOLOGIJE
LINGVISTIKE

MEHANIKE
NEUROLOGIJE
EKOLOGIJE
FIZIOLOGIJE
PSIHOLOGIJE
TERMODINAMIKE

31 - Vögel

```
G  P  R  F  И  P  A  T  K  A  P  A  U  N
E  I  K  И  L  F  I  V  A  E  U  O  Y  G
G  L  U  U  S  A  F  N  H  E  R  O  N  U
A  E  K  R  N  P  M  D  G  A  L  E  B  S
V  R  A  P  C  A  Y  I  O  V  V  O  Z  K
R  M  V  I  P  E  P  J  N  F  I  R  V  A
A  U  I  J  Z  A  Z  A  H  G  И  N  T  D
N  K  C  I  A  S  P  J  V  G  O  L  U  B
H  E  A  И  G  V  C  E  R  S  R  G  R  O
R  S  M  I  U  P  U  D  A  D  N  T  V  S
F  O  P  E  L  I  K  A  N  L  A  B  U  D
U  V  D  P  A  P  A  G  A  J  P  J  Z  L
N  A  N  A  K  O  O  P  M  P  B  U  B  D
O  R  A  O  И  O  C  K  C  N  D  I  F  P
```

ORAO	PAPAGAJ
JAJE	PELIKAN
PATKA	PAUN
SOVA	PINGVIN
FLAMINGO	GAVRAN
GUSKA	HERON
PILE	LABUD
VRANA	VRAPCA
KUKAVICA	RODA
GALEB	GOLUB

32 - Garten

```
S R T R A V N J A K U G P H
N A R R A A H B N H N R H K
L B E G A R A Ž A L T I Y C
U R M M R M V I S E Ć A E Y
C R E V O F P V O Ć N J A K
N F B A Š T A O K E Y D Z T
T R A V A L J J L P N R E E
C A V C L T E I U I P V M R
O V J K O R O V P B N O L A
G И E V P G R M A A Y G J S
R I Z T A V P C И G P Y A A
A Z E Z T G R A B L J E T K
D P R E A P S P E D G P Z P
E M U C M B L U B S И И L B
```

KLUPA	TRAVNJAK
DRVO	GRABLJE
CVET	LOPATA
ZEMLJA	CREVO
GRM	JEZERU
GARAŽA	TERASA
BAŠTA	TRAMPOLIN
TRAVA	KOROV
VISEĆA	TREM
VOĆNJAK	OGRADE

33 - Antarktis

```
L  S  F  V  A  O  Č  U  V  A  N  J  E  M
P  V  R  U  O  F  K  H  F  C  E  P  N  G
L  V  O  M  I  N  E  R  A  L  A  T  A  L
E  E  V  D  R  D  Z  A  U  S  И  I  U  E
M  I  G  R  A  C  I  J  E  Ž  B  C  Č  Č
P  O  L  U  O  S  T  R  V  O  E  E  N  E
G  E  O  G  R  A  F  I  J  E  J  N  E  R
O  V  R  E  M  E  R  O  K  I  J  I  J  A
I  S  T  R  A  Ž  I  V  A  Č  K  L  O  U
D  A  T  G  G  K  O  N  T  I  N  E  N  T
T  O  P  O  G  R  A  F  I  J  E  D  V  D
E  K  S  P  E  D  I  C  I  J  E  N  Z  U
D  I  Y  T  E  M  P  E  R  A  T  U  R  A
F  И  V  E  T  R  O  V  A  C  A  S  V  T
```

BEJ	MIGRACIJE
LED	MINERALA
OČUVANJE	TEMPERATURA
EKSPEDICIJE	TOPOGRAFIJE
ROKI	OKRUŽENJU
ISTRAŽIVAČ	PTICE
GEOGRAFIJE	VODA
GLEČERA	VREME
POLUOSTRVO	VETROVA
KONTINENT	NAUČNE

34 - Fahren

```
H  J  G  A  E  K  U  S  T  V  M  B  I  E
A  E  J  A  G  O  R  I  V  O  F  U  B  B
R  U  T  O  R  L  H  B  S  K  P  D  R  A
M  O  T  O  R  A  B  И  P  P  K  D  B  V
B  R  H  O  C  T  Ž  K  O  Č  N  I  C  E
E  R  N  И  B  T  Y  A  L  O  N  Z  B  S
И  A  A  L  R  U  E  M  I  P  E  P  V  I
M  G  A  S  Z  N  S  I  C  R  S  R  A  G
C  A  D  P  I  E  C  O  E  E  R  E  G  U
B  V  P  U  N  L  F  N  N  Z  E  V  C  R
T  P  E  A  A  F  I  L  C  A  Ć  O  I  N
G  S  Š  I  J  I  T  N  U  A  A  Z  V  O
Y  I  A  P  O  L  I  C  I  J  A  B  Y  S
C  P  K  Y  D  O  P  A  S  N  O  S  T  T
```

KOLA	LICENCU
KOČNICE	KAMION
GORIVO	MOTOR
AUTOBUS	POLICIJA
PEŠAK	SIGURNOST
GARAŽA	PREVOZ
GAS	TUNEL
OPASNOST	NESREĆA
BRZINA	OPREZ
MAPA	

35 - Bücher

```
K V J K M N A R A T O R G A
B O D N I P I N A P I S A N
N V N G P R V B Č R M J N A
D И K T I S T O R I J S K I
D A A P E S M A P Č T U S I
K V K H T K J V E A N A A V
И A O H K И S T R A N A Č V
K N E J H G E T S E R I J A
K T F H N R O M A N P A J P
A U T O R O E P O E Z I J E
L R A O P Y S D U H O V I T
A A I N V E N T I V N I S K
K N J I Ž E V N E P S K E P
K O L E K C I J A K N F A P
```

AVANTURA
AUTOR
DVOJNOST
EPSKE
INVENTIVNI
NARATOR
PESMA
PRIČA
NAPISAN
ISTORIJSKI

DUHOVIT
KOLEKCIJA
KONTEKST
ČITAČ
KNJIŽEVNE
POEZIJE
ROMAN
STRANA
SERIJA

36 - Menschlicher Körper

```
J  E  Z  I  K  И  A  M  F  C  V  A  L  G
U  D  M  D  U  Y  F  P  F  K  T  O  A  R
Z  V  J  O  V  I  L  I  C  E  L  V  K  И
U  P  O  Y  Z  N  G  A  A  И  Z  S  A  Z
F  D  A  B  R  A  D  A  I  V  N  C  T  Z
R  A  K  U  D  K  K  S  H  D  M  T  F  U
T  J  R  K  M  O  P  R  S  T  H  R  A  S
H  O  V  F  N  L  I  C  E  A  G  D  H  T
J  R  E  A  O  E  J  E  G  L  A  V  A  A
I  I  M  R  G  N  O  S  V  R  A  T  M  B
A  U  Y  A  U  O  A  S  K  L  S  Y  O  C
T  O  V  M  P  K  O  Ž  A  N  P  S  Y  E
F  И  C  E  I  S  A  N  J  U  P  A  B  F
S  K  O  Č  N  I  Z  G  L  O  B  K  E  S
```

NOGU	VILICE
KRV	BRADA
LAKAT	KOLENO
PRST	SKOČNI ZGLOB
MOZAK	GLAVA
LICE	USTA
VRAT	NOS
RUKA	UVO
KOŽA	RAME
SRCE	JEZIK

37 - Klettern

```
T  R  F  S  F  M  G  V  I  V  Č  S  P  R
G  E  A  V  A  U  F  A  R  V  I  N  O  U
L  K  R  D  V  O  D  I  Č  I  Z  A  B  K
P  S  B  E  O  D  V  A  Z  S  M  G  U  A
H  P  D  Z  N  Z  L  G  B  I  E  E  K  V
A  E  P  E  Ć  I  N  E  K  N  Č  R  A  I
T  R  A  N  И  A  S  A  O  U  S  K  A  C
M  T  B  P  S  D  A  M  L  J  J  M  I  E
O  F  B  И  Z  F  S  P  A  O  I  V  T  Y
S  G  O  C  A  B  T  D  P  J  S  M  K  J
F  F  Y  M  G  K  Y  D  И  L  E  T  M  F
E  S  T  A  B  I  L  N  O  S  T  P  C  K
R  S  V  P  O  V  R  E  D  A  G  N  F  C
A  V  K  A  C  I  G  U  P  P  D  Z  D  J
```

ATMOSFERA	MAPA
OBUKA	RADOZNALOST
EKSPERT	FIZIČKI
VODIČI	USKA
TEREN	STABILNOST
RUKAVICE	SNAGE
KACIGU	ČIZME
VISINU	POVREDA
PEĆINE	

38 - Landschaften

```
P P E R K И Z G D O L I N I
V E L L K S B L J И G R H J
O Z Ć A A L U E T U N D R E
D I H I N K E Č S H K F O Z
O A Z E N I Y E N A L P K E
P K P F U E N R И A V F G R
A C L H P L M E K P E E M O
D Z A L I V O A G E J Z I R
V Y Ž O U F R A N O H C S V
R U A T B И E M O Č V A R A
E R L O S T R V O L E B T H
K I Z K P O L U O S T R V O
E Z J N A O G M O A P D C E
Y A G I M N S U R B N O J E
```

PLANINE
REKE
GEJZIR
GLEČER
ZALIV
POLUOSTRVO
PEĆINE
BRDO
OSTRVO

MORE
OAZE
JEZERO
PLAŽA
MOČVARA
DOLINI
TUNDRE
VULKAN
VODOPAD

39 - Abenteuer

```
I  Z  N  E  N  A  Đ  U  J  U  Ć  E  E  L
P  E  Z  A  D  G  J  O  E  F  P  H  K  E
F  B  E  K  V  M  Z  P  A  F  Y  R  S  P
E  N  T  U  Z  I  J  A  Z  A  M  A  K  O
P  P  N  F  V  H  G  S  V  G  Z  B  U  T
P  R  O  G  R  A  M  A  И  N  B  R  R  A
R  I  T  N  P  S  K  N  C  Z  U  O  Z  P
I  J  B  E  T  R  F  T  O  I  H  S  I  F
R  A  D  O  S  T  I  O  I  O  J  T  J  C
O  T  O  B  C  N  A  P  E  V  U  U  E  C
D  E  M  I  F  A  G  Y  R  V  N  O  V  A
A  L  B  Č  Š  A  N  S  A  E  M  O  K  T
L  J  O  N  P  U  T  U  J  E  M  I  S  S
E  I  T  O  T  E  Š  K  O  Ć  E  A  U  T
```

AKTIVNOST	NOVA
EKSKURZIJE	PUTUJE
ENTUZIJAZAM	PROGRAM
ŠANSA	LEPOTA
RADOST	TEŠKOĆE
PRIJATELJI	HRABROST
OPASAN	NEOBIČNO
PRIRODA	IZNENAĐUJUĆE
NAVIGACIJU	PRIPREMA

40 - Flugzeuge

```
L A V A N T U R A Z K F H M
L T U R B U L E N C I J E N
F P O M I A T M O S F E R A
M И B O S S L G O R I V O K
L H O T V R T O D U U T T R
H И I O C S U O N B C J D E
U L P R S I A H R P A Y I T
P R O P E L E R A I H I Z A
A M N V O D O N I K J P A N
P U T N I K V R E M E A J J
I N U H K S I L A Z A K N E
L E H L H H I P O S A D E A
O B D A E J E N E D G Z E Y
T O U N Z I V V A Z D U H G
```

AVANTURA
SILAZAK
ATMOSFERA
BALON
GORIVO
POSADE
DIZAJN
ISTORIJA
NEBO
VISINA

VAZDUH
MOTOR
KRETANJE
PUTNIK
PILOT
PROPELERA
TURBULENCIJE
VODONIK
VREME

41 - Haartypen

```
G  I  L  M  M  I  L  U  A  D  F  H  И  Z
T  I  K  D  E  B  E  O  И  U  Z  C  P  D
K  A  P  O  K  R  M  A  L  G  I  V  H  R
R  V  S  N  A  N  V  E  U  O  C  C  H  A
G  G  I  U  U  L  G  I  E  E  K  R  S  V
C  H  V  R  V  B  R  A  O  N  T  N  R  P
Z  V  A  V  P  A  C  E  P  A  A  A  E  L
Ć  B  J  P  L  E  T  E  N  I  L  K  B  E
D  E  O  M  A  A  A  P  И  Z  A  R  R  T
B  O  L  B  V  D  N  P  U  M  S  A  O  E
T  D  V  A  A  U  A  P  J  U  A  T  I  N
A  И  N  M  V  U  K  M  M  A  S  A  E  I
O  B  O  J  E  N  E  F  N  E  T  K  M  C
K  O  V  R  D  Ž  A  V  A  I  A  L  S  E
```

PLAVA	DUGO
BRAON	LOKNE
DEBEO	KOVRDŽAVA
TANAK	CRNA
OBOJENE	SREBRO
PLETENI	SUVA
ZDRAV	MEKA
SIVA	BEO
ĆELAV	TALASASTA
KRATAK	PLETENICE

42 - Essen #1

```
K  I  M  E  A  C  K  A  F  A  A  B  E  I
S  A  L  A  T  A  I  U  J  V  J  E  P  C
A  U  B  Y  F  Y  K  M  E  S  A  L  U  K
M  P  P  J  F  Y  I  Z  E  N  K  I  S  O
D  B  J  A  N  Z  R  K  D  T  R  L  K  H
S  L  I  M  U  N  I  G  И  L  U  U  P  S
G  P  F  A  M  F  K  V  E  J  Š  K  K  V
A  M  A  B  O  S  I  L  J  A  K  R  T  A
H  D  K  N  D  J  J  Y  C  G  E  E  U  S
Š  A  R  G  A  R  E  P  A  O  И  P  N  F
R  Y  I  Š  E  Ć  E  R  A  D  F  A  A  S
S  A  J  F  M  M  L  E  K  A  C  B  D  O
N  E  J  V  M  F  B  J  P  Y  Z  O  A  K
A  V  O  E  G  V  A  F  A  Z  E  G  J  I
```

BOSILJAK	SOK
KRUŠKE	SALATA
JAGODA	SO
KIKIRIKI	SPANAĆ
MESA	SUPA
KAFA	TUNA
ŠARGAREPA	CIMET
BELI LUK	LIMUN
MLEKA	ŠEĆERA
REPA	LUK

43 - Gebäude

```
G V G Y A G B R M B R I F P
F A G Š A T O R U I O H F O
K F R Š K O L A Z O P O Y Z
V R K A B I N E E S S T U O
K U L A Ž R I T J K E E N R
H A P U C A C N J O R L I I
U O P Z M K A C Z P V T V Š
L R S H N Z T I P B A I E T
Y F T T B F S V И D T F R E
S V R И E U L Y L P O C Z A
D A I D Z L O T F A R M I M
P P J S T A D I O N I P T B
F A B R I K E G P L J И E A
E A M B A S A D E M E I T R
```

FARMI
AMBASADE
FABRIKE
GARAŽA
HOSTEL
HOTEL
KABINE
BIOSKOP
BOLNICA

MUZEJ
OPSERVATORIJE
AMBAR
ŠKOLA
STADION
POZORIŠTE
KULA
UNIVERZITET
ŠATOR

44 - Angeln

```
J  U  J  P  M  S  O  F  S  P  P  I  A  Ž
E  V  E  Z  A  E  P  A  T  R  E  K  E  I
Z  A  Z  J  M  Z  R  K  R  E  L  I  И  C
E  R  U  D  A  O  E  K  P  T  Ž  E  K  E
R  J  Č  S  C  N  M  Y  L  E  Z  I  O  Z
O  K  E  A  N  A  A  V  J  R  A  G  N  P
U  P  Z  G  M  D  A  K  E  I  U  H  T  A
И  I  C  I  P  A  H  O  N  V  V  R  H  И
P  E  R  A  J  A  C  R  J  A  O  U  C  L
L  K  D  A  M  P  K  P  A  N  D  O  R  P
A  U  U  Y  M  A  P  I  I  J  A  U  I  K
Ž  K  Z  V  I  L  I  C  E  A  V  Z  A  И
A  A  P  B  A  Y  B  V  P  U  C  U  M  S
H  H  A  Š  K  R  G  E  A  V  O  G  U  N
```

OPREMA
ČAMAC
ŽICE
PERAJA
REKE
STRPLJENJA
TEŽINA
KUKA
SEZONA
VILICE

ŠKRGE
KUVAR
KORPI
MAMAC
OKEAN
JEZERO
PLAŽA
PRETERIVANJA
VODA

45 - Regenwald

```
P O P O Š T O V A T I A O V
O M A H O V I N A I U B P O
B S B R V A U Z H U I R S D
L P O I M R U A P B N J T O
A P T N K P S U R P S U A Z
C L A A Y R C T V R E D N E
I Y N V И I P O E M K O A M
P T I C E R P H V I T U K C
N I Č U Z O P T K L I M A I
E E K V H D T O S I S A R A
G C I L A A A N A P D C И U
Z D Ž U N G L I K Y G D H L
K И J Z O Y V H N Z Z Z R S
R A Z N O L I K O S T P I H
```

VODOZEMCI
VRSTE
BOTANIČKI
DŽUNGLI
AUTOHTONIH
INSEKTI
KLIMA
MAHOVINA

PRIRODA
POŠTOVATI
SISARA
OPSTANAK
RAZNOLIKOST
PTICE
VREDNE
OBLACI

46 - Essen #2

```
A  P  B  A  N  A  N  E  V  C  Z  Z  G  J
R  I  R  S  B  J  U  A  D  I  A  O  C  Z
T  R  O  I  J  A  B  U  K  A  Š  T  F  K
I  I  K  R  B  J  C  B  U  O  K  N  Y  O
Č  N  O  F  C  E  L  E  R  L  F  O  J  T
O  A  L  A  S  P  A  R  A  G  U  S  D  E
K  Č  I  A  F  P  S  J  R  T  E  E  E  L
E  H  R  M  I  Z  O  O  A  R  S  T  N  H
T  И  L  C  A  I  И  G  L  J  I  V  A  S
C  T  G  E  M  B  Š  U  N  K  A  M  U  B
N  S  Z  A  B  P  A  R  A  D  A  J  Z  A
P  Š  E  N  I  C  E  T  A  S  G  M  K  D
P  A  T  L  I  D  Ž  A  N  N  P  Y  J  E
Č  O  K  O  L  A  D  A  A  U  K  E  I  M
```

JABUKA	VIŠNJE
ARTIČOKE	BADEM
PATLIDŽAN	GLJIVA
BANANE	PIRINAČ
BROKOLI	ŠUNKA
HLEB	ČOKOLADA
JAJE	CELER
RIBE	ASPARAGUS
JOGURT	PARADAJZ
SIR	PŠENICE

47 - Familie

```
N  E  Ć  A  K  I  N  J  A  Y  M  Z  B  Y
E  F  H  O  H  A  E  И  Z  G  M  Z  R  C
Ć  E  R  K  A  K  G  F  U  D  U  M  A  B
A  D  D  E  T  I  N  J  S  T  V  A  T  A
K  U  E  T  F  T  U  L  S  L  E  J  G  K
P  J  N  T  F  H  P  A  O  F  S  Č  A  A
S  A  B  U  E  A  R  I  T  D  E  I  N  O
B  K  R  O  K  V  E  A  A  E  S  N  R  Č
D  M  A  J  K  A  D  I  C  D  T  S  O  I
S  U  P  R  U  G  A  Y  V  A  R  K  Đ  N
C  Ž  S  A  J  N  K  O  F  C  A  E  A  S
A  O  A  O  L  H  P  F  C  S  F  C  K  K
F  К  C  L  R  T  B  Z  P  U  Y  I  D  E
O  И  G  F  E  H  Z  O  R  L  U  V  A  K
```

BRAT	NEĆAK
SUPRUGA	NEĆAKINJA
MUŽ	UJAK
UNUK	SESTRA
BAKA	TETKA
DEDA	ĆERKA
DETE	OTAC
DETINJSTVA	OČINSKE
MAJKA	ROĐAK
MAJČINSKE	PREDAK

48 - Pflanzen

```
И  Н  E  A  B  O  T  A  N  I  K  E  T  B
M  G  R  M  A  D  R  V  O  A  M  U  H  A
R  A  C  I  Š  U  M  A  K  B  E  A  O  M
A  V  H  C  T  I  O  D  U  O  P  Z  Z  B
G  E  E  O  A  D  A  P  Z  B  R  T  Z  U
N  G  R  S  V  Z  A  A  B  N  B  E  A  S
И  E  B  U  L  I  Š  Ć  E  T  U  B  N  B
Z  T  E  F  A  J  N  C  V  P  V  I  E  Y
K  A  R  R  T  R  P  A  S  U  L  J  M  M
A  C  R  C  I  T  B  R  Š  L  J  A  N  M
K  I  I  Y  C  R  Đ  U  B  R  I  V  A  U
T  J  G  P  A  A  I  Z  O  P  V  P  D  D
U  E  И  D  C  V  E  T  E  C  A  K  Z  V
S  T  C  P  V  A  K  F  L  O  R  E  I  K
```

BAMBUS
DRVO
BERRI
CVET
LATICA
PASULJ
BOTANIKE
GRM
ĐUBRIVA
BRŠLJAN

FLORE
BAŠTA
TRAVA
KAKTUS
HERB
LIŠĆE
MAHOVINA
VEGETACIJE
ŠUMA
KOREN

49 - Kunst

```
S  V  I  N  S  P  I  R  I  S  A  N  И  D
L  I  J  И  N  B  J  P  O  R  T  R  E  T
I  Z  M  B  K  A  E  A  O  P  K  H  J  O
K  U  P  B  V  R  D  I  Z  R  A  Z  A  R
E  E  O  D  O  Z  N  B  Z  L  I  Č  N  I
S  L  E  K  A  L  O  B  Z  C  T  Z  J  G
A  N  Z  A  E  R  S  T  V  O  R  I  T  I
S  I  I  C  P  R  T  Z  B  C  D  E  N  N
T  И  J  D  P  M  A  K  S  H  T  E  M  A
A  C  E  U  B  P  V  M  P  Z  R  R  M  L
V  N  A  D  R  E  A  L  I  Z  A  M  P  N
D  C  M  J  R  K  N  D  A  Č  L  R  A  E
K  O  M  P  L  E  K  S  I  S  K  R  E  N
R  A  S  P  O  L  O  Ž  E  N  J  E  Z  O
```

IZRAZ	LIČNI
ISKREN	POEZIJE
JEDNOSTAVAN	PORTRET
TEMA	STVORITI
SLIKE	RASPOLOŽENJE
INSPIRISAN	NADREALIZAM
KERAMIČKE	SIMBOL
KOMPLEKS	VIZUELNI
ORIGINALNE	SASTAV

50 - Gewürze

```
F  I  T  M  V  U  M  K  I  S  E  L  O  B
B  I  B  E  R  H  V  A  N  I  L  E  U  N
A  И  Z  U  A  S  O  R  Z  H  U  M  Y  J
L  P  D  P  A  P  R  I  K  A  K  L  F  P
T  K  D  T  P  Y  H  Š  A  F  R  A  N  E
S  L  A  D  I  Ć  E  P  R  K  A  S  E  G
K  A  R  D  A  M  O  M  A  N  I  S  A  O
M  F  A  A  Y  O  S  B  N  U  S  V  S  R
Đ  E  J  B  Y  N  L  E  F  D  K  V  V  K
E  U  C  F  E  P  A  L  I  N  L  U  V  A
K  U  M  I  N  G  T  I  L  O  T  K  S  T
P  P  Z  B  M  L  K  L  I  Y  B  G  B  P
F  S  E  N  I  E  O  U  Ć  H  B  S  R  K
U  V  O  V  B  R  T  K  O  M  O  R  A  Č
```

ANISA	KARANFILIĆ
GORKA	PAPRIKA
KARI	BIBER
KOMORAČ	ŠAFRAN
UKUS	SO
ĐUMBIR	KISELO
KARDAMOM	SLATKO
BELI LUK	VANILE
KUMIN	CIMET
SLADIĆE	LUK

51 - Gemüse

```
G  B  Y  A  R  T  I  Č  O  K  E  C  B  S
A  R  M  P  B  P  K  Y  L  R  J  E  U  A
L  O  A  P  U  S  A  D  T  B  Y  L  N  L
U  K  Š  P  I  R  R  R  P  B  E  D  A
K  O  L  M  K  Y  F  M  A  R  K  R  E  T
P  L  I  I  G  A  I  E  P  D  R  И  V  A
A  I  N  B  L  Z  O  I  S  P  A  A  E  A
T  B  A  D  Z  U  L  S  H  E  S  J  G  Đ
L  E  P  K  R  O  M  P  I  R  T  И  Z  U
I  L  E  R  F  N  G  A  U  Y  A  P  K  M
D  I  R  M  I  K  A  N  G  Y  V  E  O  B
Ž  L  Š  T  L  Z  F  A  I  F  A  Z  H  I
A  U  U  N  Y  P  E  Ć  A  N  C  F  Y  R
N  K  N  G  L  J  I  V  A  S  R  E  P  A
```

ARTIČOKE	MASLINA
PATLIDŽAN	PERŠUN
KARFIOL	GLJIVA
BROKOLI	REPA
GRAŠKA	SALATA
KRASTAVAC	CELER
ĐUMBIR	SPANAĆ
KROMPIR	PARADAJZ
BELI LUK	LUK
BUNDEVE	

52 - Katzen

```
E  N  U  A  O  K  S  R  J  N  L  D  G  Z
K  D  H  C  A  T  D  A  M  T  I  S  H  O
R  D  I  V  L  J  A  D  N  Y  Č  M  M  P
Z  A  L  O  V  A  C  O  P  L  N  A  K  R
N  M  Z  P  P  И  H  Z  C  U  O  L  A  E
O  I  I  F  V  R  N  S  D  S  O  N  D
P  Y  J  P  G  B  E  A  P  H  T  S  D  I
G  E  B  R  N  R  P  O  I  T  I  E  Ž  V
P  M  И  N  E  Z  A  V  I  S  N  A  A  A
S  M  E  Š  N  O  J  N  N  M  J  B  Y  U
A  P  I  S  T  I  D  L  J  I  V  H  H  P
L  T  B  Š  A  P  E  U  I  F  Y  U  Y  A
A  O  И  C  H  V  N  F  P  И  C  O  P  P
P  L  M  R  D  M  R  E  C  T  K  J  B  J
```

KRZNO	SAN
PREDIVA	BRZO
LOVAC	STIDLJIV
SMEŠNO	REP
KANDŽA	NEZAVISNA
MIŠ	LUD
RADOZNAO	RAZIGRAN
LIČNOSTI	MALO
ŠAPE	DIVLJA

53 - Tanzen

```
M A Z M I C A P O K R E T P
N U E P G R P L A N K Y T K
K K Z Z A F D Z P R O B E U
O U V I Z U E L N I T F M L
R L N I K B R A D O S N O T
E T E Z A A I K S M C N E U
O U M R K S T A V L C B L R
G R O A S C A D Y L I K A A
R N C Ž L U M E T N O S T N
A I I A G K A M G A N U U Y
F O J J P A L I C R B J P L
I I A A B J E J H C E S R G
J S G N E G T E L O B J Z V
A K L A S I Č N E I B Z S A
```

AKADEMIJE	TELO
GREJS	KULTURA
IZRAŽAJAN	KULTURNI
POKRET	UMETNOST
KOREOGRAFIJA	MUZIKA
EMOCIJA	PARTNER
RADOSNO	PROBE
STAV	RITAM
KLASIČNE	VIZUELNI

54 - Ernährung

```
U  Z  P  S  H  F  U  N  M  D  T  B  Z  V
F  K  M  O  R  E  R  R  A  I  E  V  D  I
F  I  U  S  N  R  A  L  V  J  Ž  Y  R  T
A  E  S  S  M  M  V  A  O  E  I  U  A  A
H  S  U  B  P  E  N  И  K  T  N  F  V  M
O  T  R  O  V  N  O  V  A  A  A  B  L  I
C  И  J  O  L  T  T  A  L  P  T  Ž  J  N
E  J  C  B  C  A  E  R  O  G  E  I  E  J
T  R  Z  J  O  C  Ž  E  R  O  Č  T  K  E
A  T  H  V  P  I  E  N  I  R  N  A  I  S
B  N  P  B  R  J  N  J  J  K  O  R  R  T
Z  D  R  A  V  E  S  E  A  A  S  I  K  I
F  E  K  V  A  L  I  T  E  T  T  T  C  T  V
G  O  P  R  O  T  E  I  N  A  I  E  O  O
```

APETIT	ŽITARICE
URAVNOTEŽEN	TEŽINA
GORKA	KALORIJA
DIJETA	DEO
JESTIVO	PROTEINA
FERMENTACIJE	KVALITET
TEČNOSTI	SOS
UKUS	OTROV
ZDRAV	VARENJE
ZDRAVLJE	VITAMIN

55 - Technologie

```
R B D I G I T A L N I D Z D
A S U F S T A T I S T I K A
Č I S T R A Ž I V A N J E T
U V I R T U E L N I L B P O
N K A M E R A P R L P A R T
A U B L O G R L T F O J E E
R R И K H O P И U B D T G K
K S V E G J A O C P A O L A
Z O P R I K A Z R P T V E T
K R E V I R U S P U A A D S
D A K S O F T V E R K I A E
N Y R V H I A A F P A A Č A
S V A S I G U R N O S T U E
I Y N I N T E R N E T P Z Z
```

PRIKAZ
EKRAN
BLOG
PREGLEDAČ
BAJTOVA
RAČUNAR
KURSORA
DATOTEKA
PODATAKA
DIGITALNI

ISTRAŽIVANJE
INTERNET
KAMERA
PORUKA
SIGURNOST
SOFTVER
STATISTIKA
VIRTUELNI
VIRUS

56 - Wasser

```
C O K E A N A U T U H M N И
N S A E T O P V V Z B O A R
D I N R U H I O K T Y N V U
G O A E Š P H H P И S S O R
U P L K G P A R E L P U D A
R K T E E P I T K E A N N G
E E A Z J V L A Ž N E V J A
T N D I Z D G L S E И L A N
K U V O I A R A A A K A V V
R I I M R A Z S Y A A G A P
U S Š N U L R A R K O E N I
S K J E Z E R O H E C P J B
D J P V I D R A R Z A A E O
I S P A R A V A N J A A И G
```

NAVODNJAVANJE
PARE
TUŠ
LED
VLAŽNE
VLAGE
REKE
POPLAVA
MRAZ
GEJZIR

URAGAN
KANAL
MONSUN
OKEANA
KIŠE
SNEG
JEZERO
PITKE
ISPARAVANJA
TALASA

57 - Science Fiction

```
M F U T U R I S T I Č K I P
O F D E R Y V C C L R N T O
F N I E K A S E P U E J E Ž
A K S Z P S N N L Z A I H A
N T T H J A T A A I L G N R
T G O F P B S R N J N E O O
A A P F M K O I E E O Z L B
S L I S V E T O T M S K O O
T A J A N S T V E N N Z G T
I K A B I O S K O P B E I A
Č S I S E K S P L O Z I J E
A I I M A G I N A R N E A P
N J P R O R O Č I Š T E O A
F A M U T O P I J E A R I A
```

KNJIGE
DISTOPIJA
EKSPLOZIJE
EKSTREMNE
FANTASTIČAN
POŽAR
FUTURISTIČKI
GALAKSIJA
TAJANSTVEN
ILUZIJE

IMAGINARNE
BIOSKOP
PROROČIŠTE
PLANETE
REALNO
ROBOTA
SCENARIO
TEHNOLOGIJA
UTOPIJE
SVET

58 - Haustiere

```
V  P  H  R  A  N  A  J  K  N  J  M  И  G
K  O  A  T  P  T  C  И  A  R  P  R  M  U
O  I  D  S  A  K  O  R  N  J  A  Č  A  Š
Z  R  R  A  P  K  N  A  D  E  P  V  F  T
A  D  K  R  A  И  D  A  Ž  F  P  M  A  E
R  E  P  I  G  V  E  T  E  R  I  N  A  R
G  P  Y  B  A  И  I  H  J  B  R  I  C  P
A  O  I  E  J  S  M  R  G  P  K  A  H  I
P  O  V  O  D  A  C  Č  U  M  A  Č  E  K
Z  V  U  L  G  И  A  M  I  V  E  O  A
L  E  A  K  И  B  K  K  O  Š  T  E  N  E
O  K  O  V  R  A  T  N  I  K  R  J  Z  L
F  Z  K  G  D  P  Z  E  C  Z  Z  G  H  M
M  A  Č  K  A  P  U  J  Y  Z  Y  G  C  C
```

GUŠTER
HRANA
RIBE
HRČAK
ZEC
PAS
MAČKA
MAČE
OKOVRATNIK
KANDŽE

KRAVA
POVODAC
MIŠ
PAPAGAJ
KORNJAČA
REP
VETERINAR
VODA
ŠTENE
KOZA

59 - Geburtstag

```
P  K  И  P  U  N  V  A  H  V  Z  I  K  P
O  R  A  O  O  Z  H  R  I  R  A  И  T  R
K  V  I  R  R  Z  P  O  S  E  B  N  O  O
L  И  T  J  T  F  I  Y  G  M  A  И  A  S
O  U  P  F  A  I  J  V  T  E  V  D  S  L
N  L  G  K  F  T  C  V  N  K  A  K  V  A
P  E  S  M  A  O  E  E  C  I  A  A  E  V
R  Z  K  P  J  R  M  L  A  D  C  L  Ć  A
A  O  R  G  S  T  H  A  J  Z  D  E  E  Y
D  M  S  E  Ć  A  N  J  A  I  P  N  H  A
O  G  O  D  I  N  A  O  H  N  R  D  T  T
S  U  P  R  O  Đ  E  N  D  L  P  A  V  E
N  M  U  D  R  O  S  T  A  P  D  R  A  J
O  R  S  R  E  Ć  A  N  N  M  A  C  Z  P
```

POZIVNICE	KALENDAR
SEĆANJA	KARTICE
PROSLAVA	SVEĆE
RADOSNO	TORTA
PRIJATELJI	PESMA
ROĐEN	ZABAVA
POKLON	POSEBNO
SREĆAN	DAN
GODINA	MUDROST
MLAD	VREME

60 - Literatur

```
F N A R A T O R A P B A M C
H I P R B V I K U E I N E J
T U K L B C E S T S O E T N
R V A C P M Y P O N G G A U
A N A L I Z A O R I R D F S
G И Z R R J N P O Č A O O T
E G A I U L A I M K F T R I
D P K T И И L S A E I A A L
I I L A D O O S N F J P E T
J R J M R U G P J M A D P H
E M U A И P I T E M A J L N
J D Č U L J J I Z S A A E B
I Z A H Y O A M Z U M M C T
R R K B Z K G R I M E A K Y
```

ANALOGIJA
ANALIZA
ANEGDOTA
AUTOR
OPIS
BIOGRAFIJA
DIJALOG
NARATOR
FIKCIJA
PESMA

METAFORA
PESNIČKE
RIME
RITAM
ROMAN
ZAKLJUČAK
STIL
TEMA
TRAGEDIJE

61 - Wandern

```
V O D A R B K L V P K K V A
V R E M E M A P A L L L A V
S O J N B O L Z K A I I G N
P A D D M Y P L P N M F Z P
R O M I T E Š K A I A K I R
I S L I Č M J U C N L A N I
R I I O T I B M A E S T R P
O P H S Ž I V O T I N J E R
D K Č I C A Z R M U Z R D E
A N I I S I J A A T K S I M
I K Z U U F B N G G A U V A
K A M E N J E J P R B N L P
B H E A L O Y J O B A C J B
K A M P O V A N J E Y E A M
```

PLANINE
KAMPOVANJE
VODIČI
SAMIT
MAPA
KLIMA
KLIF
UMORAN
PRIRODA
POLOŽAJ

TEŠKA
SUNCE
KAMENJE
ČIZME
ŽIVOTINJE
PRIPREMA
VODA
VREME
DIVLJA

62 - Länder #2

```
O  I  T  J  A  M  A  J  K  A  N  P  N  R
I  C  I  B  H  E  T  I  O  P  I  J  E  И
F  R  G  R  Č  K  E  O  H  Z  U  P  P  I
R  C  S  H  O  S  I  R  I  J  E  A  A  F
A  C  R  K  D  I  V  L  Z  И  L  K  L  R
I  R  I  R  A  K  A  L  B  A  N  I  J  A
Y  N  N  O  C  O  O  U  U  J  H  S  U  N
L  I  B  E  R  I  J  E  G  И  R  T  K  C
P  G  K  H  S  T  S  F  L  A  J  A  R  U
F  E  E  L  G  Z  U  O  P  G  N  N  A  S
Z  R  N  F  Y  L  D  O  O  K  D  D  J  K
J  I  I  B  C  H  A  I  T  I  P  S  I  E
R  J  J  A  P  A  N  O  M  O  K  E  N  J
T  A  A  S  I  H  R  U  S  I  J  A  A  И
```

ALBANIJA
ETIOPIJE
FRANCUSKE
GRČKE
HAITI
IRSKA
JAMAJKA
JAPAN
KENIJA
LAOS

LIBERIJE
MEKSIKO
NEPAL
NIGERIJA
PAKISTAN
RUSIJA
SUDAN
SIRIJE
UGANDI
UKRAJINA

63 - Fahrzeuge

```
F  I  Z  P  O  D  M  O  R  N  I  C  E  H
T  B  U  O  J  T  E  K  A  M  I  O  N  P
N  C  R  Z  Y  R  T  E  P  E  P  O  P  I
N  I  F  H  B  A  R  A  K  E  T  A  T  J
P  S  S  V  L  J  O  Z  D  O  D  P  A  B
T  M  K  A  C  E  B  I  C  I  K  L  K  P
T  G  O  U  K  K  A  R  A  V  A  N  S  N
R  U  L  T  T  T  N  F  Z  M  K  N  I  И
A  Č  A  O  H  E  L  I  K  O  P  T  E  R
K  A  N  B  F  H  R  B  B  T  S  P  P  K
T  M  G  U  M  E  I  O  A  O  P  M  M  T
O  A  F  S  D  S  C  T  O  R  L  O  K  C
R  C  A  V  I  O  N  M  N  A  A  R  B  R
I  P  K  B  И  И  Y  T  M  U  V  V  O  Z
```

KOLA	MOTOR
ČAMAC	RAKETA
AUTOBUS	GUME
BICIKL	SKUTER
TRAJEKT	TAKSI
SPLAV	TRAKTOR
AVION	METRO
HELIKOPTER	PODMORNICE
HITNU	KARAVAN
KAMION	VOZ

64 - Badezimmer

```
G  F  Y  I  G  A  P  H  D  H  T  O  S  Z
И  И  P  G  P  D  N  C  S  O  G  V  L  Z
A  P  N  N  Y  T  U  Š  P  S  J  R  A  U
K  R  E  И  A  V  T  O  A  L  E  T  V  B
Z  И  P  G  P  K  P  J  R  M  T  N  I  Z
M  R  S  A  P  A  R  E  F  I  P  K  N  A
B  S  U  N  Đ  E  R  R  E  Y  A  O  A  L
P  A  N  E  P  O  B  Y  M  O  M  M  N  C
E  P  I  K  V  G  O  G  L  E  D  A  L  O
Š  U  T  U  Š  O  T  S  V  P  A  K  I  И
K  N  E  P  Z  A  D  Z  F  T  A  A  J  T
I  P  P  K  J  И  J  A  U  D  Z  Z  M  I
R  N  I  A  L  O  S  I  O  N  B  E  H  C
M  E  H  U  R  I  Ć  A  Z  И  И  F  N  H
```

KUPKA	SUNĐER
MEHURIĆA	SAPUN
PARE	ŠAMPON
TUŠ	OGLEDALO
PEŠKIR	TEPIH
LOSION	TOALET
PARFEM	VODA
MAKAZE	SLAVINA

65 - Musikinstrumente

```
I  T  A  M  B  U  R  A  Š  A  L  Y  I  U
H  A  R  M  O  N  I  K  A  I  O  J  R  D
U  O  И  P  T  E  F  R  A  P  K  T  F  A
V  I  O  L  O  N  Č  E  L  O  N  R  И  R
R  F  P  G  V  I  O  L  I  N  U  O  B  A
Y  K  L  A  R  I  N  E  T  H  B  M  U  L
M  R  B  A  T  A  K  M  K  S  E  B  B  J
V  И  P  G  U  I  G  F  L  F  N  O  A  K
S  T  J  O  N  T  C  A  A  I  D  N  N  E
L  R  E  N  C  A  A  Y  V  G  Ž  H  J  I
И  U  P  G  Z  H  O  O  I  T  O  L  Z  O
J  B  K  A  G  I  T  A  R  A  B  T  P  P
H  A  R  F  E  U  S  A  K  S  O  F  O  N
M  A  N  D  O  L  I  N  A  R  U  I  S  T
```

BENDŽO	KLAVIR
VIOLONČELO	MANDOLINA
BATAK	HARMONIKA
FAGOT	OBOU
FLAUTA	TROMBON
VIOLINU	SAKSOFON
GITARA	UDARALJKE
GONG	TAMBURAŠA
HARFE	BUBANJ
KLARINET	TRUBA

66 - Blumen

```
J A S M I N O N Z T I K G N
S U N C O K R E T U A R A G
P A S S I O N F L O V E R R
Z J O R H I D E J A N B D U
D H O P L U M E R I J A E Ž
P S B R K A A F G A N M N A
L B L V G B J D N I J A I D
I A J F S O F R V S B G J E
L B V A H K V V N J B N A T
I O L A T I C A P A U O N E
D Ž N K N N E Y N T K L Y L
E U G Z J D E J Z I E I T I
P R L A L A E D U V T J S N
M A K A K K L T Y U J E F A
```

LATICA

GARDENIJA

DEJZI

JASMIN

DETELINA

LAVANDE

JORGOVAN

LILI

MAGNOLIJE

MAKA

ORHIDEJA

PASSIONFLOVER

BOŽUR

PLUMERIJA

RUŽA

SUNCOKRET

BUKET

LALA

67 - Natur

```
I  R  S  B  O  M  A  K  U  B  P  Ž  O  P
L  E  P  O  T  A  R  K  T  I  K  I  M  U
J  K  O  D  T  G  J  O  T  Y  Y  V  I  S
P  E  K  H  F  L  P  B  L  H  V  O  R  T
V  P  O  J  M  A  D  S  V  M  B  T  N  I
I  D  J  F  A  G  L  E  Č  E  R  I  O  N
T  U  A  H  H  L  Y  E  P  F  C  N  H  J
A  R  N  L  P  I  P  S  R  I  Y  J  D  I
L  F  O  H  O  Š  Č  L  R  O  D  E  I  Š
N  C  L  P  K  Ć  E  J  A  H  Z  U  V  U
I  M  O  U  S  E  L  A  O  N  P  I  L  M
R  F  Z  T  N  K  E  K  Z  Y  I  J  J  A
B  C  F  O  O  K  E  O  J  Y  E  N  A  E
Y  И  Y  S  K  L  O  N  I  Š  T  E  E  И
```

ARKTIK	VITALNI
PLANINE	MAGLA
PČELE	LEPOTA
EROZIJE	SKLONIŠTE
REKE	ŽIVOTINJE
MIRNO	TROPSKE
GLEČER	ŠUMA
SPOKOJAN	DIVLJA
LIŠĆE	PUSTINJI

68 - Urlaub #2

```
P  P  O  D  R  E  D  I  Š  T  E  I  N  Š
S  B  D  I  E  P  U  A  H  P  M  A  P  A
T  P  M  A  S  U  H  И  И  F  L  V  L  T
R  T  O  P  T  P  A  S  O  Š  A  E  O
A  I  R  C  O  O  K  D  U  Y  P  A  Ž  R
N  C  H  O  R  V  S  T  R  A  N  I  V  A
A  A  G  O  A  A  P  T  I  A  A  E  C  S
C  A  P  F  N  N  I  G  R  Z  E  I  H  L
B  И  P  R  Y  J  B  B  A  V  R  U  O  O
V  T  L  Y  E  E  R  Z  D  C  O  D  T  B
K  A  M  P  O  V  A  N  J  E  D  N  E  O
A  K  T  H  H  O  O  N  M  O  R  E  L  D
B  S  P  A  Z  Z  D  Z  I  E  O  J  G  N
V  I  Z  A  E  I  L  M  Z  D  M  Y  N  O
```

STRANAC
STRANI
KAMPOVANJE
AERODROM
SLOBODNO
HOTEL
OSTRVO
MAPA
MORE
PASOŠ

PUTOVANJE
RESTORAN
PLAŽA
TAKSI
PREVOZ
ODMOR
VIZA
ŠATOR
ODREDIŠTE
VOZ

69 - Zirkus

```
P C A K G T O D A Y M Z K S
R V S S L O N F K F A A A P
I P B L T O B A R G J B R E
K O S T I M V A O V M A T K
A O O U G И R N B T U V U T
Ž И V M A G I J A Ž N L M A
I S R Y R T Š A T O R J U K
P A R A D A R V L N P A Z U
A A P I K N N I P G A M I L
G L E D A L A C K L H G K A
L T E M U И H M H E N V A R
N A T I I A P R G R D J B A
V J V Ž I V O T I N J E L N
M A Đ I O N I Č A R L N H B
```

MAJMUN
AKROBAT
KLOVN
SLON
KARTU
ŽONGLER
KOSTIM
LAV
MAGIJA
MUZIKA

PARADA
SPEKTAKULARAN
ŽIVOTINJE
TIGAR
TRIK
ZABAVLJAM
MAĐIONIČAR
PRIKAŽI
ŠATOR
GLEDALAC

70 - Barbecues

```
A  A  P  F  M  K  E  C  E  V  O  Ć  E  V
K  V  N  V  R  U  Ć  E  S  E  D  V  A  S
C  T  V  K  V  И  Z  A  O  Č  L  E  T  O
R  O  Š  T  I  L  J  I  Z  E  M  P  C  S
P  O  R  O  D  I  C  A  K  R  G  I  L  A
N  N  N  U  Z  T  U  S  C  A  V  L  S  M
P  O  V  R  Ć  E  J  I  P  O  I  E  A  K
Y  Ž  E  U  U  A  C  A  P  U  L  J  L  D
L  E  U  Č  F  R  B  D  H  P  J  И  A  Z
G  V  C  A  L  И  I  G  R  E  U  U  T  S
P  I  E  K  C  P  B  И  F  H  Š  И  E  H
P  R  I  J  A  T  E  L  J  I  K  T  V  U
I  A  U  P  N  R  R  H  V  C  E  M  N  B
A  P  L  B  S  R  Z  A  F  E  G  M  N  A
```

VEČERA	DECA
PORODICA	NOŽEVI
PRIJATELJI	RUČAK
VOĆE	MUZIKA
VILJUŠKE	BIBER
POVRĆE	SALATE
ROŠTILJ	SO
VRUĆE	LETO
PILE	SOS
GLAD	IGRE

71 - Küche

```
E  G  H  R  A  N  A  P  A  S  S  K  P  K
N  B  P  L  O  N  C  A  H  U  A  E  H  A
I  J  N  Č  P  Š  G  E  S  N  L  C  L  G
J  S  V  I  K  O  T  F  Z  Đ  V  E  R  Y
P  O  I  N  F  L  N  I  Z  E  E  L  P  I
K  A  L  I  R  J  J  K  L  R  T  J  D  Z
E  U  J  J  I  E  U  Š  G  J  A  A  O  E
S  T  U  U  Ž  V  K  T  Č  A  J  N  I  K
A  N  Š  H  I  J  Z  A  Č  I  N  I  N  R
V  И  K  C  D  K  M  P  Š  Y  S  E  O  E
L  R  E  C  E  P  T  I  M  I  G  U  Ž  R
B  S  Č  T  R  A  P  Ć  V  A  K  L  E  N
F  C  T  P  D  D  C  I  M  N  P  E  V  A
Z  A  M  R  Z  I  V  A  Č  U  A  A  I  P
```

HRANA	NOŽEVI
ŠTAPIĆI	RERNA
VILJUŠKE	RECEPT
ZAMRZIVAČ	KECELJA
ZAČINI	ČINIJU
ROŠTILJ	SUNĐER
LONCA	SALVETA
VRČ	ŠOLJE
FRIŽIDER	ČAJNIK
KAŠIKE	

72 - Schach

```
K R A L J I C A C I P B Y S
B K S K R G H D K R A L J T
D S F M I G R A N Y S U N R
L I A T F I R J P F I H N A
E R J C I G R A Č V V Z B T
O G M A F P R V A K N B I E
H J M P G R U E G N I E P G
A Ž R T V O V A N J E O L I
Y A C G D T N P T J R E V J
T P R A V I L A O U Z O S U
N M N Y I V O F L E R A S J
R J A V U N E V F E N N A M
N Y V N B I V R E M E I I C
Z H N T A K M I Č E N J E R
```

PRVAK	CRNA
DIJAGONALE	IGRA
PROTIVNIK	IGRAČ
KRALJ	STRATEGIJU
KRALJICA	TURNIR
ŽRTVOVANJE	BEO
PASIVNI	TAKMIČENJE
POENI	VREME
PRAVILA	

73 - Erhaltung

```
H E M I K A L I J E C S C V
O B R A Z O V A N J E A I C
O D R Ž I V M Y F T U Z K P
C R E C I K L I R A B D L H
N P G E K O S I S T E M U S
Z A G A Đ E N J A O P Y S M
Z E S P N V O D A H Y P P A
D K T R T S I F M Z E L E N
R O A I O P K L I M A K S J
A L N R P E V I L M M L T I
V O I O V O L O N T E R I T
L Š Š D C H Y P K Z J C C I
J K T N T T S S E K Y P I И
E A E O P P H Y G B B R D V
```

OBRAZOVANJE
HEMIKALIJE
VOLONTER
ZDRAVLJE
ZELEN
KLIMA
STANIŠTE
ODRŽIV
PRIRODNO

ORGANSKI
EKOSISTEM
PESTICID
RECIKLIRA
SMANJITI
EKOLOŠKA
ZAGAĐENJA
VODA
CIKLUS

74 - Geographie

```
Z A H A S P A Z R P R G S P
A S T R O P I M A A S И B L
P И J L A Z A D M I E M K A
A I G R A D O S T R V O O N
D R N P S S M F S A E R N I
R E G I O N A V H V R E T N
O A G S C Y P G I I E И I E
K Y L B A U A Z J S K T N A
E K V A T O R K A I E И E P
A M E R I D I J A N H Y N B
N Z Y I И C B N G U R R T E
M Z E M L J U P B C A C H D
H E M I S F E R E T T U I E
T E R I T O R I J E P H P N
```

ATLAS	ZEMLJU
EKVATOR	MORE
PLANINE	MERIDIJAN
REKE	SEVER
TERITORIJE	OKEAN
HEMISFERE	REGIONA
VISINU	GRAD
OSTRVO	TROPIMA
MAPA	SVET
KONTINENT	ZAPAD

75 - Zahlen

```
G Y I L H J J G R A И P Č D
S E D A M N A E S T N E E V
D B И U Š E S N A E S T T A
E D E C I M A L N E D N R D
S D V A N A E S T N U A N E
E K V A O S A M P L S E A S
T P E N G S S E D A M S E E
D E V E T N A E S T N T S T
E T M F Z U P M G A Y U T H
V D S I C Y U V N B Z T L F
E P E D V Z D M J A S R P A
T R I N A E S T T G E I D P
Š E S T Č E T I R I N S T D
I C D N O D K A P K P I T R
```

OSAM
OSAMNAEST
DECIMALNE
TRI
TRINAEST
PET
PETNAEST
DEVET
DEVETNAEST
NULA

ŠEST
ŠESNAEST
SEDAM
SEDAMNAEST
ČETIRI
ČETRNAEST
DESET
DVADESET
DVA
DVANAEST

76 - Kunst Liefert

```
N  L  U  M  P  K  D  M  D  V  I  M  F  S
T  A  G  Y  A  A  И  P  A  D  G  I  F  T
E  G  A  N  P  M  Z  Z  C  S  T  O  V  A
A  V  L  L  I  E  J  L  K  T  T  G  Y  L
V  K  J  G  R  R  K  B  I  O  A  I  T  A
O  L  R  Z  M  A  H  O  K  L  P  D  L  K
D  E  A  I  Y  F  Č  J  M  I  M  E  P  O
A  J  P  C  L  P  F  E  L  C  U  J  И  L
U  A  G  Z  R  R  G  U  T  A  C  E  U  O
E  T  U  S  H  H  U  L  G  K  E  B  B  V
U  S  M  Z  B  A  И  И  V  L  E  P  A  K
L  E  I  F  D  Y  M  P  V  E  P  L  A  E
J  H  C  K  R  E  A  T  I  V  N  O  S  T
E  V  A  M  V  S  R  D  A  Z  L  O  O  U
```

AKRIL	ULJE
OLOVKE	PAPIR
ČETKE	GUMICA
BOJE	STALAK
UGALJ	STOLICA
IDEJE	STO
KAMERA	MASTILO
KREATIVNOST	KLEJ
LEPAK	VODA

77 - Tage und Monate

```
B  T  L  D  E  C  E  M  B  A  R  K  P  V
U  F  L  B  G  O  D  I  N  A  N  A  O  P
Z  S  R  E  M  K  V  R  H  P  E  L  N  L
O  H  R  O  H  T  L  A  Y  R  D  E  E  N
F  V  S  E  S  O  V  A  N  I  E  N  D  Č
G  E  U  V  D  B  P  S  E  L  L  D  E  E
N  N  B  I  A  A  K  E  T  Y  J  A  L  T
O  J  O  R  V  R  G  P  T  T  A  R  J  V
V  U  T  M  U  E  A  T  J  A  N  U  A  R
E  N  A  E  T  A  G  E  U  V  K  C  K  T
M  U  R  S  O  S  R  M  L  G  T  Y  A  A
B  D  A  E  R  И  K  B  K  U  D  A  L  K
A  R  J  C  A  B  U  A  И  S  M  A  I  K
R  R  C  A  K  R  P  R  D  T  B  U  T  A
```

APRIL
AVGUST
DECEMBAR
UTORAK
ČETVRTAK
FEBRUAR
PETAK
GODINA
JANUAR
JUL

JUN
KALENDAR
SREDA
MESECA
PONEDELJAK
NOVEMBAR
OKTOBAR
SUBOTA
SEPTEMBAR
NEDELJA

78 - Piraten

```
Z  Z  K  P  S  O  M  M  M  M  B  И  A  U
U  A  L  O  Š  E  Ž  A  A  A  L  I  V  S
Y  O  S  A  F  I  H  I  Č  P  A  K  A  K
C  C  I  T  T  P  S  P  L  A  G  K  N  P
A  G  D  N  A  O  P  O  E  J  O  S  T  K
A  A  R  U  M  V  И  S  G  Y  A  H  U  A
P  F  O  L  L  K  A  A  E  B  C  K  R  P
P  A  P  A  G  A  J  D  N  S  O  I  A  E
P  L  A  Ž  A  V  K  E  D  O  N  O  P  T
K  E  T  K  U  K  O  V  A  N  I  C  E  A
O  S  T  R  V  O  M  P  S  C  M  M  Ć  N
M  D  D  P  E  A  P  I  E  A  J  H  I  P
O  Z  A  V  O  P  A  S  N  O  S  T  N  A
K  A  Y  F  F  E  S  A  S  H  И  P  E  I
```

AVANTURA	KOMPAS
SIDRO	LEGENDA
POSADE	KOVANICE
ZASTAVA	OŽILJAK
OPASNOST	PAPAGAJ
ZLATO	RUM
PEĆINE	BLAGO
OSTRVO	LOŠE
KAPETAN	MAČ
MAPA	PLAŽA

79 - Emotionen

```
J  Y  A  R  S  P  O  K  O  J  V  T  S  F
S  S  U  A  I  I  I  V  R  B  J  V  T  И
E  R  M  D  M  Z  N  C  E  J  D  R  R  T
R  A  I  O  P  N  E  Ž  N  O  S  T  A  J
И  M  R  S  A  E  M  T  L  P  И  P  H  K
B  O  N  T  T  N  Z  A  H  V  A  L  A  N
E  T  O  V  I  A  S  D  O  S  A  D  E  O
S  A  C  I  J  Đ  C  L  И  Z  K  I  H  P
M  R  S  A  E  E  T  J  M  I  L  F  A  U
P  I  E  A  N  N  T  U  G  A  Y  P  H  Š
L  F  R  L  L  J  U  B  A  Z  N  O  S  T
N  E  N  V  J  E  S  A  D  R  Ž  A  J  E
N  M  Z  L  O  E  И  V  K  S  J  Y  P  N
M  Z  D  H  R  M  F  L  V  L  C  Y  P  O
```

STRAH	LJUBAV
SRAMOTA	RELJEF
ZAHVALAN	SPOKOJ
OPUŠTENO	MIRNO
RADOST	SIMPATIJE
LJUBAZNOST	TUGA
MIR	IZNENAĐENJE
SADRŽAJ	BES
DOSADE	NEŽNOST

80 - Zu Füllen

```
F  S  A  N  D  U  K  T  V  K  M  C  B  L
V  A  M  F  P  O  R  G  Z  A  G  V  O  E
Z  U  S  N  T  E  A  A  T  R  V  R  C  Ž
N  M  Z  C  K  O  F  E  R  T  A  T  A  I
C  A  A  E  I  R  M  E  D  O  Z  M  L  Š
N  B  H  V  A  K  O  F  U  N  A  A  И  T
A  T  A  K  A  C  L  K  G  V  N  Y  F  E
K  U  T  I  J  A  F  U  O  V  N  A  I  D
T  B  A  S  E  N  E  G  N  V  T  P  O  Y
S  A  S  K  A  H  A  Z  B  S  E  R  K  A
B  V  T  P  N  O  L  S  V  H  G  R  A  F
B  U  K  O  R  P  I  B  S  R  L  M  T  И
I  V  R  V  F  T  P  F  T  U  U  A  A  E
P  A  K  E  T  O  R  B  A  A  G  D  B  B
```

BASEN	TEGLU
KUTIJA	FASCIKLU
KOFU	PAKET
BURE	CEV
BOCA	FIOKA
KARTON	LEŽIŠTE
SANDUK	TORBA
KOFER	KOVERTE
KORPI	VAZA

81 - Surfen

```
T G R E B E N R K C G E Y F
V A H Z C J N C S R U K U B
P L L I N V E L A T Ž S B O
I A R A Z A B A V A V T F E
S B D M S T I L M F E R V R
B M R P T S P R V A K E C J
F C G L O P P C V R E M E T
S I S A M G E O V K B N Z F
H V Y Ž A U Z N R S R E G O
F Z U A K H P S A T Z V J K
D G И A C B P C G P I И N E
P O P U L A R N A G N S V A
D E B C L P A L Y C A N T N
S N A G E I G P O Č E T N A
```

POČETNA	GREBEN
SPORTISTA	PENA
POPULARNA	ZABAVA
PRVAK	SNAGE
EKSTREMNE	STIL
BRZINA	PLAŽA
STOMAK	TALAS
GUŽVE	VREME
OKEAN	

82 - Kräuterkunde

```
M  L  A  I  A  C  H  C  P  F  Z  I  L  K
I  A  G  G  K  V  A  L  I  T  E  T  E  O
R  V  J  E  P  E  R  Š  U  N  L  J  K  R
O  A  K  O  S  T  C  P  S  T  E  N  A  I
Đ  N  P  D  R  T  G  V  B  M  N  B  B  S
I  D  U  I  O  A  R  P  G  A  H  G  E  T
J  E  K  U  L  I  N  A  R  S  K  E  L  A
A  D  U  P  F  T  H  Š  G  Y  A  J  I  N
B  O  S  I  L  J  A  K  A  O  R  K  L  B
A  R  U  Z  M  A  R  I  N  F  N  P  U  I
Š  I  D  D  V  K  O  E  G  H  R  T  K  L
T  E  P  G  N  K  K  O  M  O  R  A  Č  J
A  R  O  M  A  T  I  Č  N  O  I  A  N  K
S  A  S  T  O  J  A  K  S  S  A  J  L  A
```

AROMATIČNO	KULINARSKE
BOSILJAK	LAVANDE
CVET	MAJORAN
MIROĐIJA	PERŠUN
ESTRAGON	BILJKA
KOMORAČ	KVALITET
BAŠTA	RUZMARIN
UKUS	ŠAFRAN
ZELEN	KORISTAN
BELI LUK	SASTOJAK

83 - Tugenden #1

```
V И S O D L U Č U J U Ć I F
U M E T N I Č K E P N I F P
M J Z A R N E Z A V I S N A
U S H H S A P A C I J E N T
D N G R K K S O G И Z Y K Š
A D O B R O O T P M Z N C A
R H E И O E V R V Y G U R R
E Č Z R M G N U I E K O A M
E F I K A S A N V S N U D A
D R U S N L L D T M N I O N
T S C H T B U P A Z P O Z T
G P R A K T I Č N E L I N A
Y V R V E L I K O D U Š A N
V A C A S M E Š N O G H O H
```

SKROMAN
ŠARMANTAN
EFIKASAN
ODLUČUJUĆI
PACIJENT
VELIKODUŠAN
DOBRO
KORISNO

SMEŠNO
UMETNIČKE
STRASTVENI
RADOZNAO
PRAKTIČNE
ČIST
NEZAVISNA
MUDAR

84 - Aktivitäten und Freizeit

```
V  R  R  P  P  A  P  N  G  J  K  K  K  E
B  O  I  T  U  L  P  F  O  P  G  O  A  S
U  N  U  B  O  T  I  D  L  U  C  Š  M  L
I  J  M  E  O  P  O  V  F  V  I  A  P  I
B  E  O  J  P  L  G  V  A  I  U  R  O  K
O  N  M  Z  U  И  O  C  A  N  I  K  V  U
K  J  D  B  Š  O  L  V  B  T  J  U  A  M
S  E  H  O  T  E  N  I  S  C  I  E  N  E
E  M  S  L  A  F  U  D  B  A  L  C  J  T
H  O  B  I  J  E  K  J  E  И  V  U  E  N
F  Z  S  S  U  R  F  O  V  A  N  J  E  O
V  A  V  H  Ć  L  И  N  P  C  P  F  O  S
N  L  G  D  E  O  D  B  O  J  K  A  P  T
B  A  Š  T  O  V  A  N  S  T  V  O  V  I
```

RIBOLOV	GOLF
BEJZBOL	HOBIJE
KOŠARKU	UMETNOST
BOKS	PUTOVATI
KAMPOVANJE	PLIVANJE
OPUŠTAJUĆE	SURFOVANJE
FUDBAL	RONJENJE
BAŠTOVANSTVO	TENIS
SLIKU	ODBOJKA

85 - Formen

```
U Z D N T A P L V K L R K K
B O O R I B I C A V P G I R
H E R V S T R A N A O M S I
O I A И L S A R H D L U K V
V T P R I Z M E B R I V L E
A R J E E Y I Z H A G K I L
L O K L R E D И M T O I P D
N U T I F B E V I K N V И N
E G J P K K O C K A A I C N
S A K S Z R Y L H A D C B O
A O N E A K U G A O N E K N
O K R U G L I G K P P T K L
I P R A V O U G A O N I K Z
O Z H F R C I L I N D A R E
```

LUK	OVALNE
TROUGAO	POLIGONA
UGAO	PRIZME
ELIPSE	PIRAMIDE
HIPERBOLA	KVADRAT
IVICE	PRAVOUGAONIK
KLIP	OKRUGLI
KRUG	STRANA
KRIVE	KOCKA
RED	CILINDAR

86 - Adjektive #2

```
Z U O U O E И P J A P Y O A
E D Y G R L I O E N R S D U
L R R L T E A N S B O V G T
J A K A H G R O T P D E O E
K M G D V A Y S I O U Ž V N
R A H A R N P N V Z K E O T
E T I N T T R I O N T S R I
A I Z M J A I R G A I B A Č
T Č V A A N R U U T V D N A
I A N O V A O P I S N I B N
V N I A F C D Z И L I V T F
N O R M A L N O A A K L V J
E P E C P U O V O N I J G P
Z A N I M L J I V O M A D R
```

AUTENTIČAN   KREATIVNE
POZNAT   PRIRODNO
OPISNI   NOVA
DRAMATIČAN   NORMALNO
ELEGANTAN   PRODUKTIVNI
JESTIVO   SLANO
SVEŽE   JAK
ZDRAV   PONOSNI
GLADAN   ODGOVORAN
ZANIMLJIVO   DIVLJA

87 - Kleidung

```
O  G  Y  J  H  K  P  N  K  Š  N  E  N  P
И  G  P  P  E  C  I  P  E  L  A  U  P  A
U  Y  R  P  I  D  Ž  A  M  E  R  L  O  N
F  N  B  L  U  Z  A  P  A  I  U  A  J  T
H  A  L  J  I  N  A  I  O  A  K  D  A  A
F  K  R  A  E  C  M  O  D  A  V  Ž  S  L
R  I  U  M  D  L  A  N  Y  U  I  E  U  O
T  T  L  Š  E  Š  I  R  A  R  C  M  K  N
C  D  P  P  J  R  N  O  Y  S  A  P  N  E
U  R  S  И  A  N  K  M  A  M  I  E  J  K
Z  D  J  T  K  E  C  E  L  J  A  R  A  A
K  R  F  P  N  K  O  Š  U  L  J  A  C  P
G  D  A  G  U  R  U  K  A  V  I  C  E  U
M  V  D  E  V  M  C  G  P  A  K  R  S  T
```

NARUKVICA	HALJINA
BLUZA	KAPUT
POJAS	MODA
OGRLICA	DŽEMPER
RUKAVICE	SUKNJA
KOŠULJA	ŠAL
PANTALONE	PIDŽAME
ŠEŠIR	NAKIT
JAKNU	CIPELA
FARMERKE	KECELJA

88 - Sommer

```
P O R O D I C A H H M Y P K
O Z P R I J A T E L J I U A
D B H L A C И K O I R G T M
M I M G A M U Z I K A R O P
O K H K I Ž K V T N D E V O
R Z A S H R A N A J O P A V
B A Š T A P D K I S T T A
S L O B O D N O Z G T A I N
Z S E Ć A N J A L E J Z D J
V K R E L A K S A C I J A E
E S A N D A L E M O R E C Y
Z H P N B I O U И A Z B A Y
D O G U H P N N C A I H A F
E R O N J E N J E T L P T P
```

KNJIGE
KAMPOVANJE
RELAKSACIJA
SEĆANJA
HRANA
PORODICA
SLOBODNO
RADOST
PRIJATELJI
BAŠTA

MORE
MUZIKA
PUTOVATI
SANDALE
IGRE
ZVEZDE
PLAŽA
RONJENJE
ODMOR

89 - Farben

```
F U C H S I A F E M R Z R J
C B H F P Y P B E Ž O Y Z S
I R E D O O D R B U Z C S I
J M V O O P M A O T E A U V
A A И E A L A O T Y P G M A
N Z F R N P S N R Z E L E N
H U P A L A E L Y A U H P N
M R O J Y A P V P I N D I Z
A E J B D R I И И D A D A S
G V P F S C J H M C D R Ž Z
E N F D U I A K T C R N A A
N U A P L A V A Z D B A A N
T L J U B I Č A S T A S R U
A U O U H D A M G G O M K P
```

AZURE
BEŽ
PLAVA
BRAON
FUCHSIA
ŽUT
SIVA
ZELEN
LJUBIČASTA

MAGENTA
POMORANDŽA
ROZE
CRVENA
CRNA
SEPIJA
BEO
CIJAN

90 - Haus

```
K  S  A  D  B  A  Š  T  A  Z  R  K  U  K
U  A  L  V  I  J  O  A  A  P  I  R  C  A
H  A  S  T  B  M  P  B  I  K  S  D  Y  M
I  E  M  M  L  P  N  P  R  O  Z  O  R  I
N  E  G  C  I  T  H  J  B  Z  K  P  B  N
J  G  M  N  O  C  P  L  A  F  O  N  O  I
A  A  S  P  T  U  Š  A  V  K  T  A  O  O
K  R  O  V  E  S  T  M  R  E  A  M  G  G
V  A  B  L  K  Y  P  P  A  C  V  E  L  R
K  Ž  A  M  E  T  L  A  T  K  A  Š  E  A
R  A  K  A  P  O  K  K  A  F  N  T  D  D
J  K  I  L  G  V  V  E  H  J  U  A  A  E
E  G  K  M  U  N  И  A  E  O  F  J  L  J
A  D  B  F  G  F  L  I  H  S  S  E  O  J
```

METLA	KUHINJA
BIBLIOTEKE	LAMPA
KROV	NAMEŠTAJ
TAVANU	SOBI
PLAFON	DIMNJAK
TUŠ	OGLEDALO
PROZOR	VRATA
GARAŽA	ZID
BAŠTA	OGRADE
KAMIN	SOBA

91 - Bauernhof #1

```
U  J  N  C  P  P  J  M  N  B  M  E  D  K
J  K  T  T  Č  K  H  S  C  L  A  P  P  C
P  O  L  J  E  Đ  O  F  C  F  G  I  O  Z
F  N  C  K  L  L  U  P  Z  I  A  R  L  E
I  J  P  J  A  J  E  B  P  E  R  I  J  M
F  J  B  Y  J  P  A  G  R  V  A  N  O  L
S  K  F  C  P  M  S  J  T  I  C  A  P  J
E  O  R  R  F  A  N  L  F  M  V  Č  R  A
N  Z  O  P  G  Č  S  J  F  A  S  A  I  V
O  A  G  И  V  K  R  A  V  A  V  T  V  O
N  V  R  A  N  A  P  I  L  E  I  G  R  D
A  V  A  G  T  И  N  D  J  Y  N  F  E  A
I  B  D  A  A  C  L  E  D  G  J  G  D  N
H  N  E  T  H  F  V  V  P  R  A  H  E  L
```

PČELA	VRANA
ĐUBRIVA	KRAVA
MAGARAC	ZEMLJA
POLJE	POLJOPRIVREDE
SENO	KONJ
MED	PIRINAČ
PILE	SVINJA
PAS	VODA
TELE	OGRADE
MAČKA	KOZA

92 - Berufe #1

```
A M B A S A D O R C N M S P
M U Z I Č A R Z L A T A R P P
B A N K A R V C G E O L O G
R V E T E R I N A R K K Y P
A O R U K A R T O G R A F L
Č P I J A N I S T A O S R E
U C K S A F O R D Z J T S S
N M E M E H A N I Č A R E A
O I E K T H Y O A P Č O S Č
V N И T R E N E R P A N T I
O A L И S Y U S L U O R C
Đ A S I A I D B Z P И M A A
A F A D V O K A T F S F V O
P S I H O L O G L O V A C И
```

LEKAR	UMETNIK
ASTRONOM	MEHANIČAR
BANKAR	MUZIČAR
AMBASADOR	PIJANISTA
RAČUNOVOĐA	PSIHOLOG
GEOLOG	ADVOKAT
LOVAC	KROJAČ
ZLATAR	PLESAČICA
KARTOGRAF	VETERINAR
SESTRA	TRENER

93 - Adjektive #1

```
A C S P O R O Y I S A L V R
C T V R I F L P S A K E A C
M C R T E Š K A K V T P Ž Z
R A E A O Ć A A R R I A N P
F R D M K G A B E Š V A O M
G O N N И T R N N E A L A P
A M E O F P I O K N N M P I
C A N E V I N V M O S O Z T
V T A N A K P O N A C D Z A
D I D U B O K A A E N E A C
Y Č U M E T N I Č K E R J S
F N A P S O L U T N E A P U
Y O I D E N T I Č A N N E M
Y P E E T A N S H V A O A И
```

APSOLUTNE
AKTIVAN
AROMATIČNO
ATRAKTIVNE
TAMNO
TANAK
ISKREN
SREĆAN
IDENTIČAN
UMETNIČKE

SPORO
MODERAN
SAVRŠENO
OGROMAN
LEPA
TEŠKA
DUBOK
NEVIN
VREDNE
VAŽNO

94 - Mathematik

```
D  S  G  O  E  K  S  P  O  N  E  N  T  R
E  F  E  B  S  I  M  E  T  R  I  J  A  R
C  E  O  I  Z  O  Z  R  A  A  R  R  J  O
I  R  M  M  K  P  D  U  P  R  A  V  N  O
M  I  E  P  P  A  D  J  M  I  D  O  U  F
A  G  T  R  O  U  G  A  O  T  I  L  G  K
L  A  R  E  L  M  P  B  F  M  J  U  L  V
N  A  I  Č  I  O  И  O  O  E  U  M  O  A
E  A  J  N  G  U  D  K  K  T  S  E  V  D
Z  E  E  I  O  S  P  S  P  I  P  N  A  R
M  G  I  K  N  N  F  R  A  K  C  I  J  A
J  E  D  N  A  Č  I  N  A  A  G  Z  R  T
P  R  A  V  O  U  G  A  O  N  I  K  U  M
V  P  A  R  A  L  E  L  O  G  R  A  M  O
```

ARITMETIKA
FRAKCIJA
DECIMALNE
TROUGAO
PREČNIK
EKSPONENT
GEOMETRIJE
JEDNAČINA
SFERI
PARALELOGRAM

POLIGONA
KVADRAT
RADIJUS
PRAVOUGAONIK
UPRAVNO
SIMETRIJA
OBIM
VOLUMEN
UGLOVA

95 - Messungen

```
T  O  N  A  D  A  K  V  T  B  R  D  L  T
T  C  G  R  A  M  I  Z  O  F  H  E  I  C
E  E  G  E  И  E  L  Y  D  L  S  C  T  I
Ž  N  B  T  T  O  V  G  Z  U  I  A  A  A
I  T  A  I  T  A  G  Z  V  P  E  M  R  B
N  I  J  P  P  R  R  D  U  N  C  A  E  T
A  M  T  J  N  J  A  U  U  P  H  L  I  N
U  E  O  V  I  G  M  Ž  Y  B  Š  N  S  S
И  T  M  I  N  U  T  I  B  O  I  E  И  T
F  A  R  S  Č  O  P  N  U  A  R  N  H  E
I  R  K  I  A  P  M  A  Z  P  I  P  A  P
B  M  O  N  J  U  M  A  R  U  N  O  P  E
S  P  P  A  P  A  G  D  S  O  A  Z  S  N
K  I  L  O  M  E  T  A  R  E  S  N  A  M
```

ŠIRINA	LITAR
BAJT	MASE
DECIMALNE	METAR
TEŽINA	MINUT
STEPEN	DUBINA
GRAM	TONA
VISINA	UNCA
KILOGRAM	VOLUMEN
KILOMETAR	CENTIMETAR
DUŽINA	INČA

96 - Schlösser

```
K A T A P U L T I H U H K F
A N K O N J L И D G A O G E
D I N A S T I J E M И K I U
P R I N C E Z A G K U L A D
F A P L E M E N I T I O Z A
T O L A O K L U A P И P I L
Z Z T A Š K R U N U R V D N
K Z A D T D G J V U Z I M O
И Z A H I A U V D R G T N H
K V H O T Y C I I K T E D C
K R A L J E V S T V O Z K C
C A R S T V A M G T K M P G
J E D N O R O G A O U A E A
T V R Đ A V A L P Č I J U K
```

ZMAJ
DINASTIJE
PLEMENITI
JEDNOROG
TVRĐAVA
FEUDALNO
KATAPULT
KRALJEVSTVO
KRUNU
PALATA

KONJ
PRINC
PRINCEZA
CARSTVA
VITEZ
OKLOP
ŠTIT
MAČ
KULA
ZID

97 - Bauernhof #2

```
K  N  L  I  V  A  D  A  F  M  L  E  K  A
C  J  A  G  N  J  E  O  Y  H  A  Y  U  V
Z  U  P  V  O  Ć  N  J  A  K  M  J  K  E
V  O  Ć  E  O  D  C  P  P  Z  E  T  U  T
O  V  C  E  A  D  T  R  A  K  T  O  R  R
S  B  F  T  L  A  N  D  P  T  K  H  U  E
L  T  A  A  K  M  D  J  И  L  K  P  Z  N
E  T  V  D  R  L  P  C  A  K  H  A  J  J
P  H  И  Y  M  Š  K  P  V  B  M  U  A
O  U  M  K  K  J  E  Č  A  M  A  E  V  Č
V  Z  R  E  L  E  N  R  K  O  H  N  Z  A
R  A  M  B  A  R  I  D  G  F  C  O  J  A
Ć  T  A  H  B  K  C  P  A  S  T  I  R  E
A  S  Z  V  S  Z  E  K  O  Š  N  I  C  A
```

FARMER	MLEKA
NAVODNJAVANJE	VOĆNJAK
KOŠNICA	ZRELE
PATKA	OVCE
VOĆE	PASTIR
POVRĆA	AMBAR
JEČAM	TRAKTOR
LAME	PŠENICE
JAGNJE	LIVADA
KUKURUZ	VETRENJAČA

98 - Berufe #2

```
I  N  Ž  E  N  J  E  R  P  B  C  O  O  B
H  И  И  P  Z  F  A  T  R  D  A  R  M  A
Z  U  B  A  R  O  L  E  O  J  F  I  N  Š
D  E  T  E  K  T  I  V  N  P  I  L  O  T
L  S  H  Z  S  O  L  I  A  G  G  E  V  O
I  L  I  O  И  G  U  Y  L  I  Z  K  I  V
N  I  R  O  O  R  S  D  A  A  M  A  N  A
G  K  U  L  M  A  T  P  Z  R  V  R  A  N
V  A  R  O  A  F  R  T  A  U  S  P  R  P
I  R  G  G  U  B  A  K  Č  P  F  U  J  B
S  D  O  M  Y  B  T  U  Č  I  T  E  L  J
T  E  I  B  J  Y  O  F  I  L  O  Z  O  F
A  U  M  D  И  A  R  B  I  O  L  O  G  C
P  G  A  S  T  R  O  N  A  U  T  A  A  V
```

LEKAR
ASTRONAUTA
BIOLOG
HIRURG
DETEKTIV
PRONALAZAČ
FOTOGRAF
BAŠTOVAN
ILUSTRATOR

INŽENJER
NOVINAR
UČITELJ
LINGVISTA
SLIKAR
FILOZOF
PILOT
ZUBAR
ZOOLOG

99 - Erforschung

```
O  S  O  K  O  O  P  A  S  N  O  S  T  I
D  A  L  E  K  O  J  D  I  V  L  J  A  F
R  И  F  A  S  D  H  O  S  A  E  K  E  C
E  H  J  E  Z  I  K  K  T  I  Z  M  A  A
Đ  K  A  K  T  I  V  N  O  S  T  S  I  A
I  H  U  U  Z  B  U  Đ  E  N  J  E  H  R
V  R  P  L  Ž  I  V  O  T  I  N  J  E  Y
A  A  U  И  T  I  D  D  E  E  Z  N  E  N
N  B  T  G  H  U  И  J  K  S  R  T  M  O
J  R  O  P  M  P  R  A  I  J  E  E  A  V
E  O  V  И  E  O  P  A  S  A  N  T  N  A
C  S  A  N  E  P  O  Z  N  A  T  O  T  A
F  T  T  O  T  K  R  I  Ć  E  A  И  I  V
A  I  I  S  C  R  P  L  J  E  N  O  S  T
```

AKTIVNOST	KULTURA
UZBUĐENJE	HRABROST
OTKRIĆE	NOVA
ODREĐIVANJE	SVEMIR
ISCRPLJENOST	PUTOVATI
DALEKOJ	JEZIK
OPASNOSTI	ŽIVOTINJE
OPASAN	NEPOZNAT
TEREN	DIVLJA

100 - Wetter

```
T  E  M  P  E  R  A  T  U  R  A  C  P  I
O  B  L  A  K  P  N  L  M  T  C  Y  B  I
P  O  V  E  T  A  R  A  C  R  K  L  K  D
O  M  O  N  S  U  N  E  B  O  L  U  J  A
L  E  D  A  C  C  K  F  T  P  E  T  K  L
A  T  M  O  S  F  E  R  A  S  U  V  A  E
R  O  U  D  J  R  S  T  И  K  G  U  O  G
N  R  N  U  S  K  И  U  L  E  S  I  D  Z
I  N  J  G  K  D  K  F  Š  V  C  B  A  U
M  A  E  A  L  U  E  S  L  E  M  P  P  R
A  D  P  O  I  T  C  C  I  И  D  A  A  A
G  O  P  J  M  H  Y  C  B  A  T  O  Z  G
L  P  K  B  A  C  A  S  C  R  H  J  C  A
A  D  L  G  R  M  L  J  A  V  I  N  A  N
```

ATMOSFERA
MUNJE
POVETARAC
GRMLJAVINA
SUŠE
LED
NEBO
URAGAN
KLIMA
MONSUN

MAGLA
POLARNI
DUGA
OLUJA
TEMPERATURA
TORNADO
SUVA
TROPSKE
VETAR
OBLAK

1 - Ozean

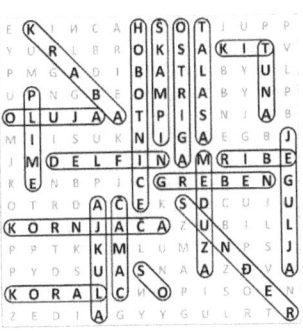

2 - Schule #1

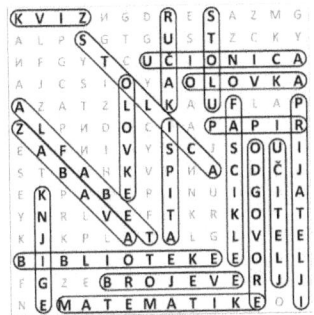

3 - Meditation

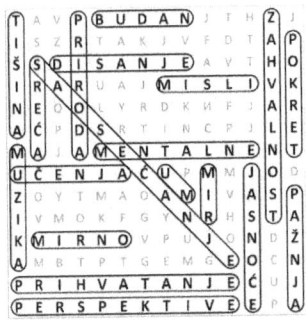

4 - Meisterschaft

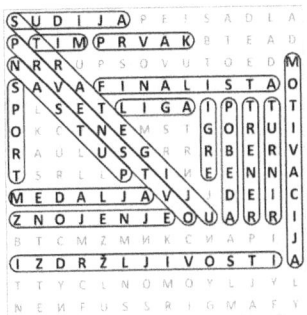

5 - Insekten

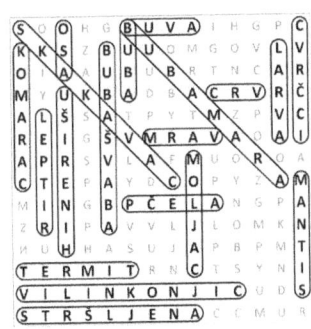

6 - Dinosaurier

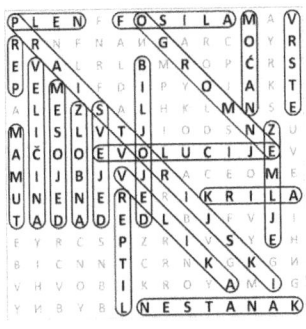

7 - Obst

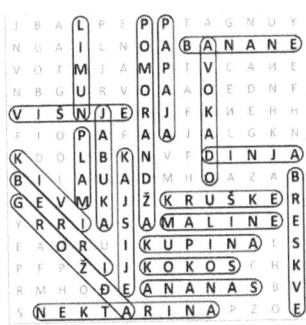

8 - Schule #2

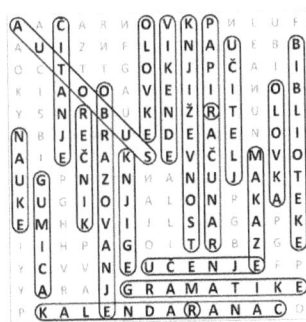

9 - Spielzeuge

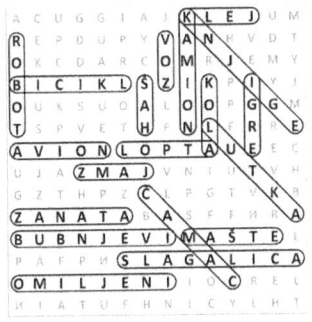

10 - Komödie

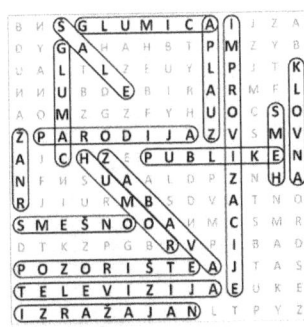

11 - Camping

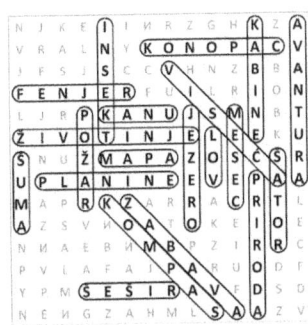

12 - Zeit

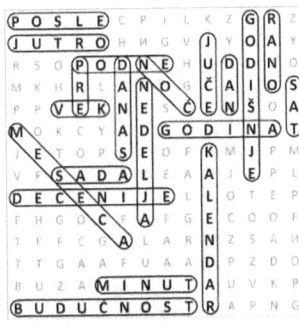

13 - Säugetiere

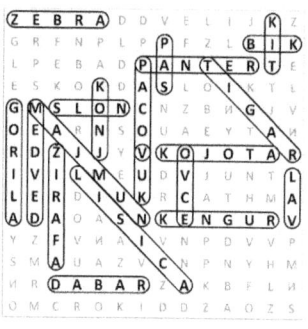

14 - Astronomie

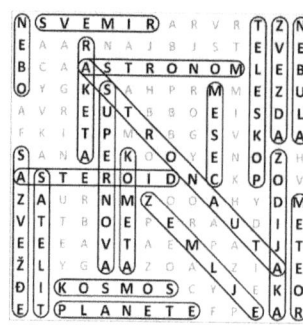

15 - Ballett

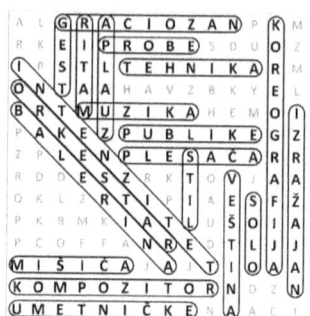

16 - Strand

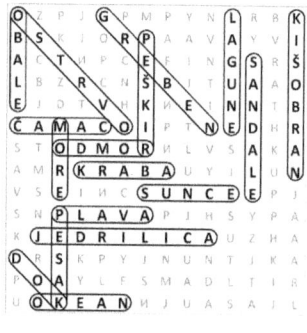

17 - Restaurant #1

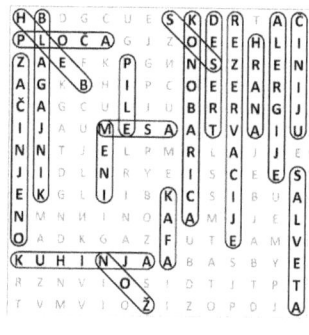

18 - Geologie

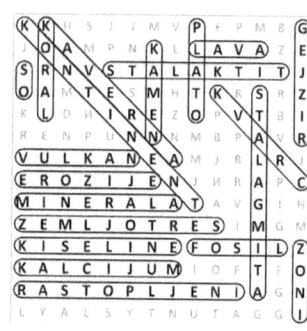

19 - Wissenschaft

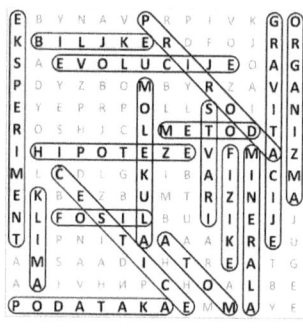

20 - Bildende Kunst

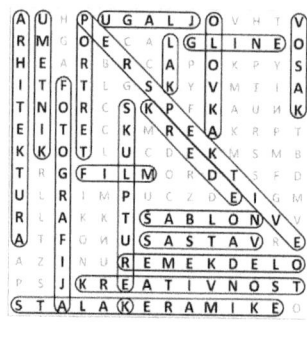

21 - Sport

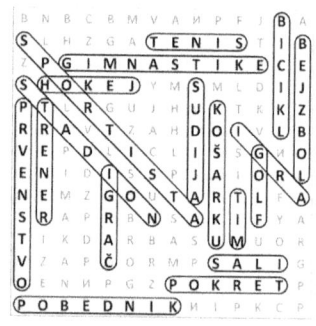

22 - Mythologie

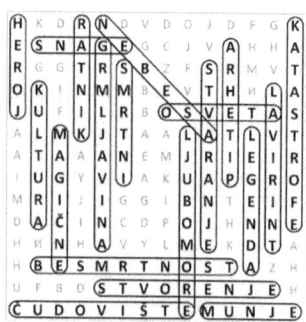

23 - Restaurant #2

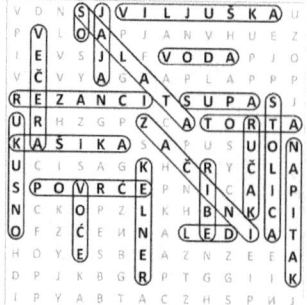

24 - Ökologie

25 - Schokolade

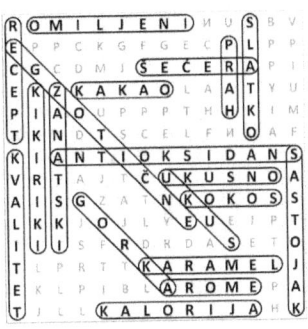

26 - Boote

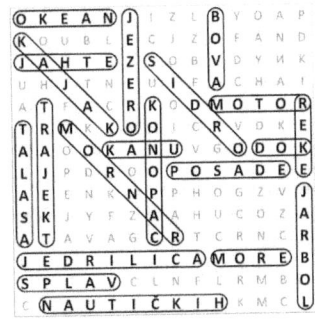

27 - Stadt

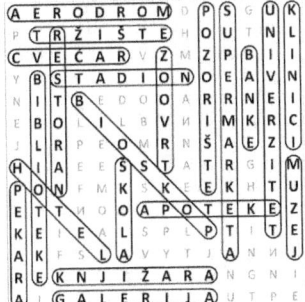

28 - Aktivitäten

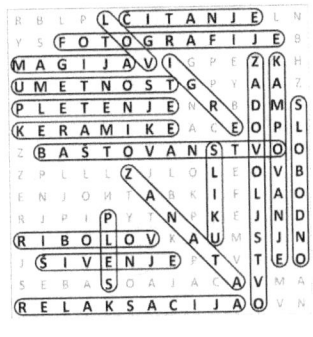

29 - Bienen

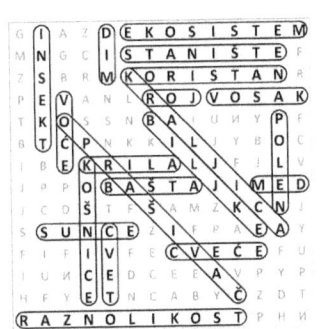

30 - Wissenschaftliche

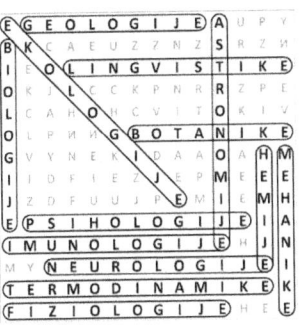

31 - Vögel

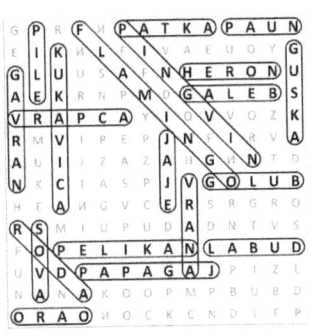

32 - Garten

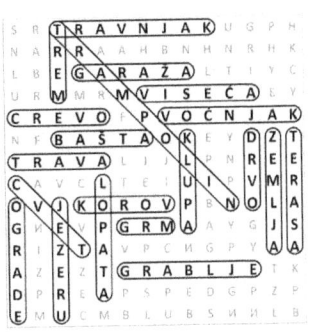

33 - Antarktis

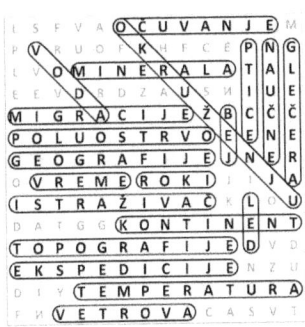

34 - Fahren

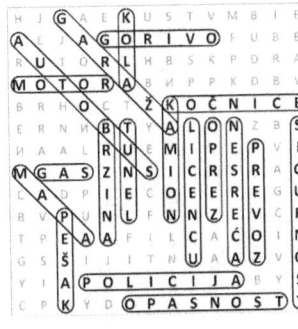

35 - Bücher

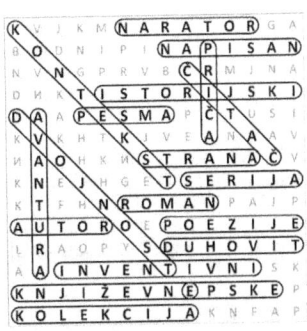

36 - Menschlicher Körper

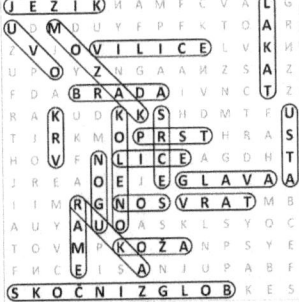

37 - Klettern

38 - Landschaften

39 - Abenteuer

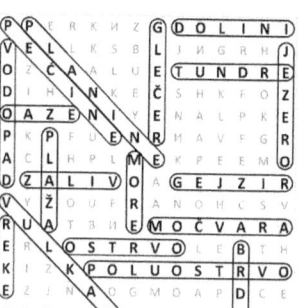

40 - Flugzeuge

41 - Haartypen

42 - Essen #1

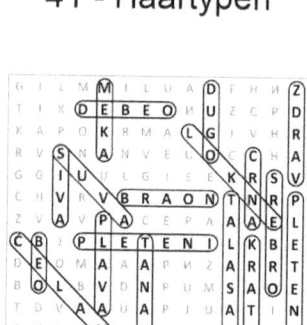
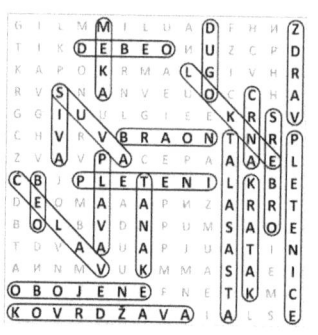
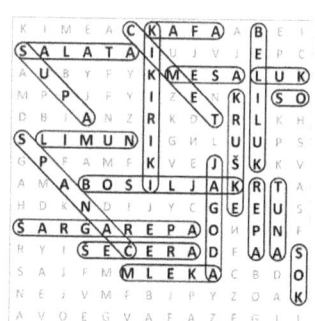

43 - Gebäude

44 - Angeln

45 - Regenwald

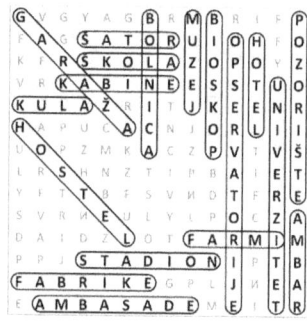
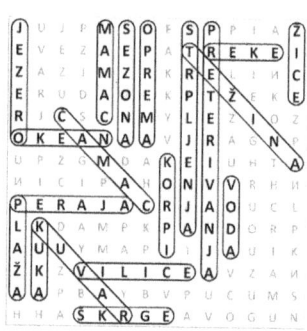
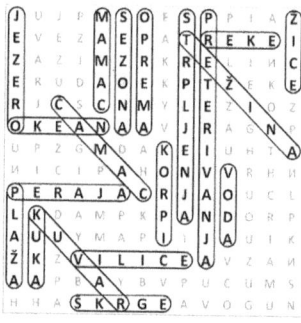

46 - Essen #2

47 - Familie

48 - Pflanzen

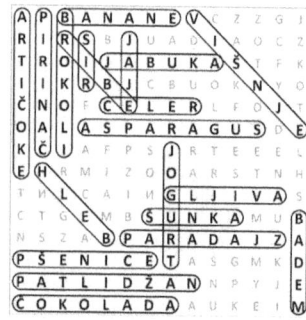
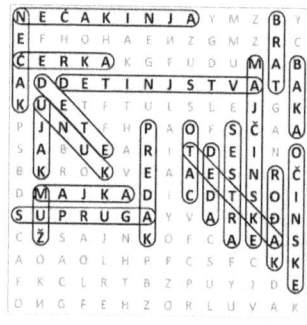
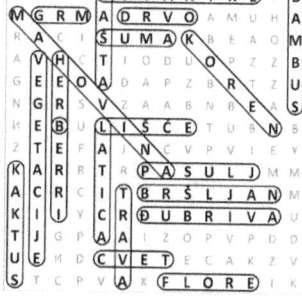
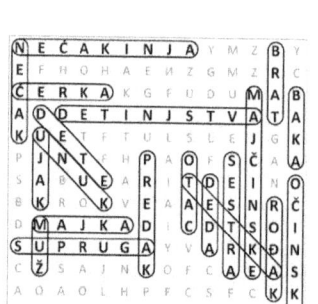

49 - Kunst

50 - Gewürze

51 - Gemüse

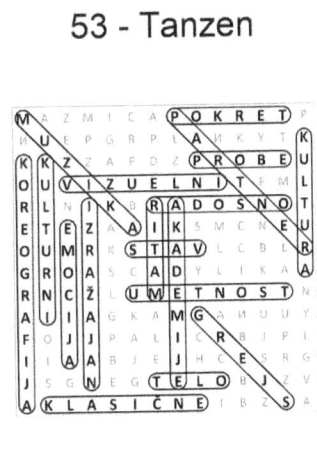

52 - Katzen

53 - Tanzen

54 - Ernährung

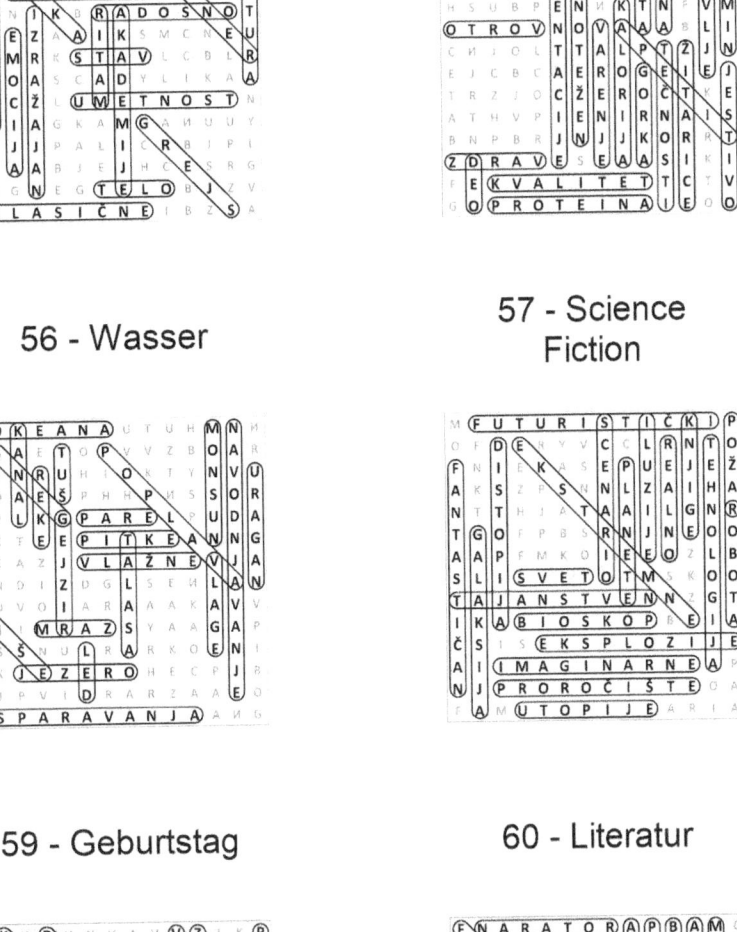

55 - Technologie

56 - Wasser

57 - Science Fiction

58 - Haustiere

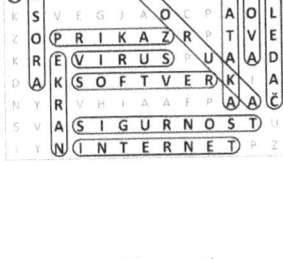
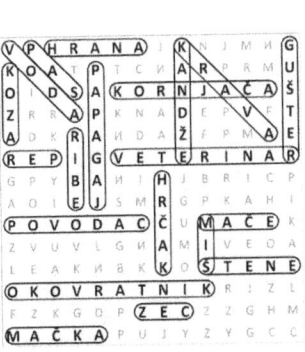

59 - Geburtstag

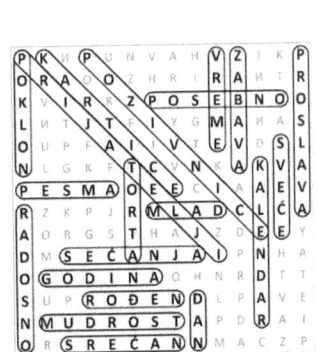

60 - Literatur

61 - Wandern

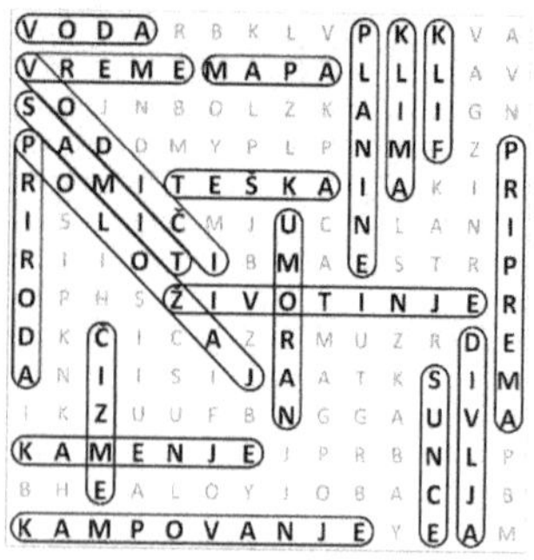

VODA, VREME, MAPA, PLANINE, TEŠKA, ŽIVOTINJE, PRIPREMA, KAMENJE, KAMPOVANJE, SUNCE

62 - Länder #2

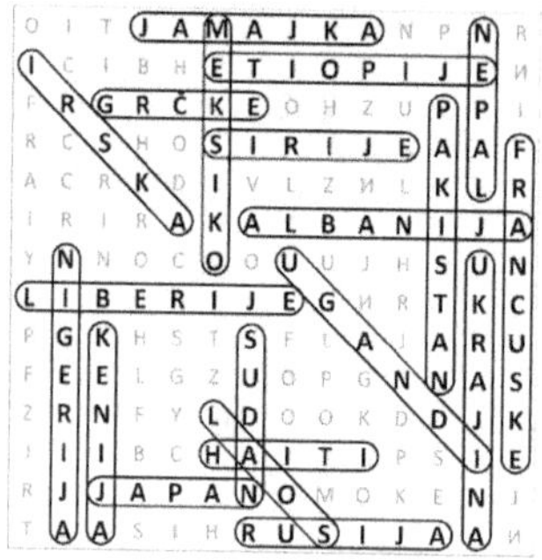

JAMAJKA, ETIOPIJE, GRČKE, SIRIJE, ALBANIJA, LIBERIJE, HAITI, JAPAN, RUSIJA

63 - Fahrzeuge

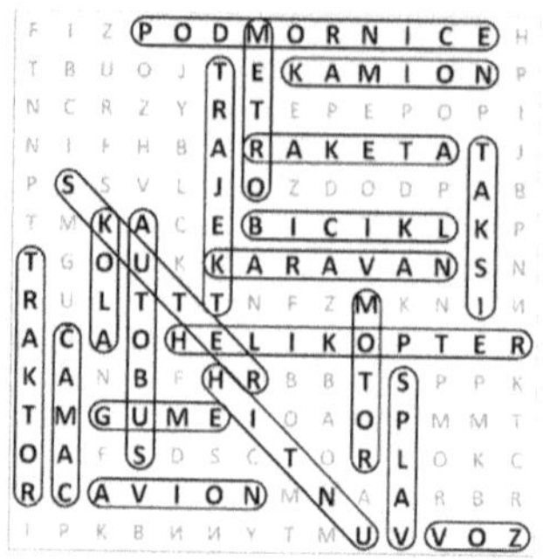

PODMORNICE, KAMION, RAKETA, BICIKL, KARAVAN, HELIKOPTER, GUME, AVION, VOZ, TRAKTOR

64 - Badezimmer

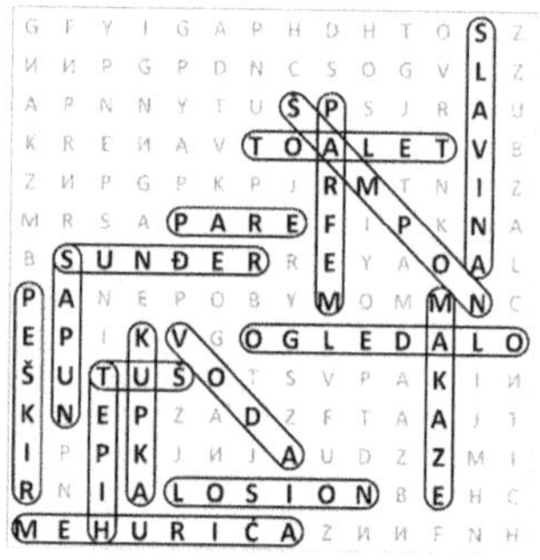

SLAVINA, TOALET, PAR, SUNĐER, OGLEDALO, TUŠ, LOSION, MEHURIĆA

65 - Musikinstrumente

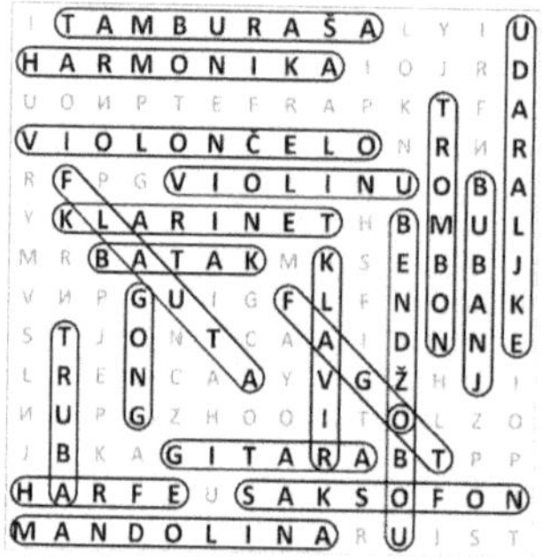

TAMBURAŠA, HARMONIKA, VIOLONČELO, VIOLINU, KLARINET, BATAK, TROMBON, BUBANJ, GITARA, HARFE, SAKSOFON, MANDOLINA

66 - Blumen

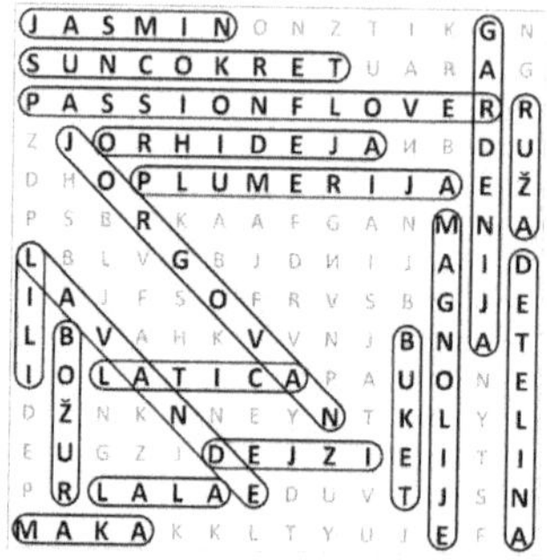

JASMIN, SUNCOKRET, PASSIONFLOVER, ORHIDEJA, PLUMERIJA, LATICA, DEJZI, LALA, MAKA, RUŽA, DETELINA, BUKET

67 - Natur

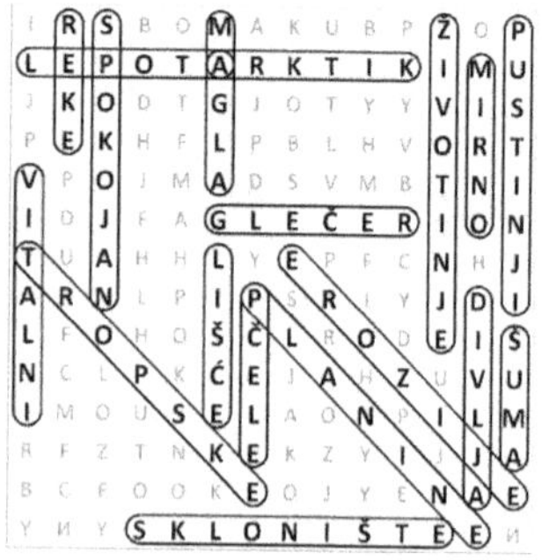

LEPOTA, ARKTIK, GLEČER, ŽIVOTINJE, SKLONIŠTE, PUSTINJI, VITALNI, ŠUMA

68 - Urlaub #2

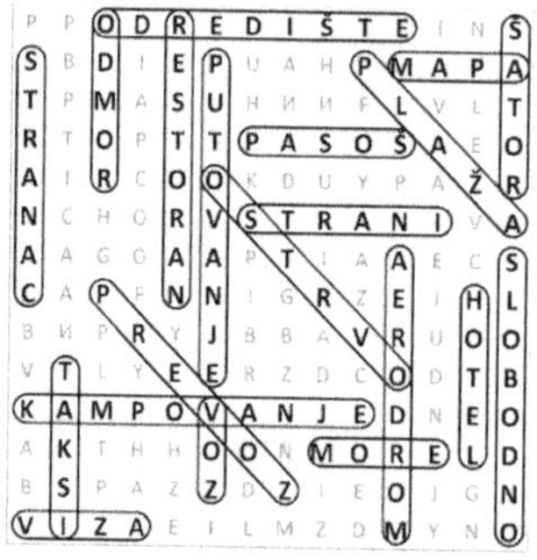

ODREDIŠTE, MAPA, PASOŠ, STRANI, KAMPOVANJE, MORE, HOTEL, SLOBODNO, VIZA, STRANA

69 - Zirkus

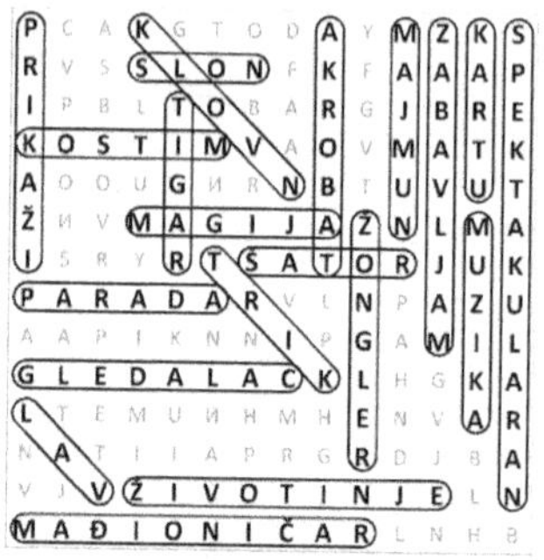

SLON, KOSTIM, MAGIJA, ŠATOR, PARADA, GLEDALAC, ŽIVOTINJE, MAĐIONIČAR, SPEKTAKULARAN, KARTA

70 - Barbecues

VOĆE, VRUĆE, LETO, ROŠTILJ, PORODICA, POVRĆE, IGRE, PRIJATELJI

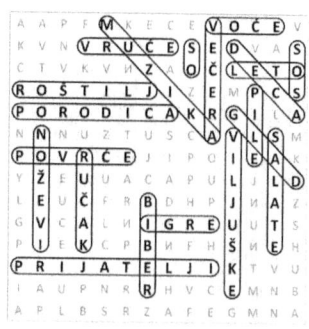

71 - Küche

HRANA, LONCA, SUNĐER, KECELJ, ČAJNIK, ZAČINI, RECEPT, ZAMRZIVAČ

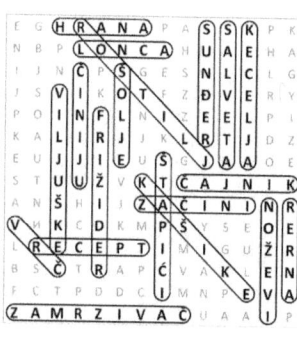

72 - Schach

KRALJICA, KRALJ, IGRA, IGRAČ, PRVAK, ŽRTVOVANJE, PRAVILA, VREME, TAKMIČENJE, STRATEGIJU

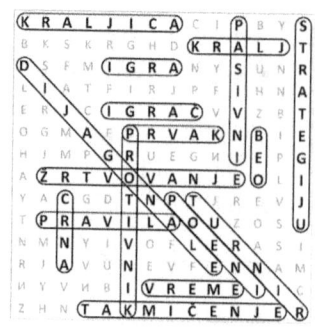

73 - Erhaltung

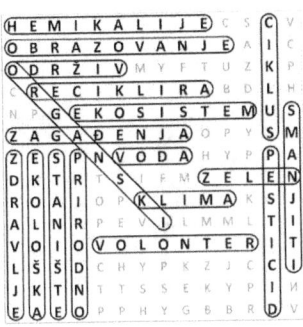

74 - Geographie

75 - Zahlen

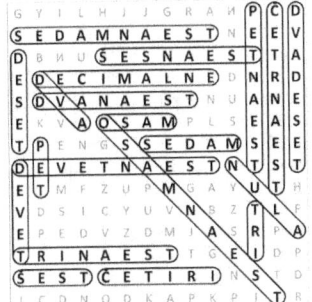

76 - Kunst Liefert

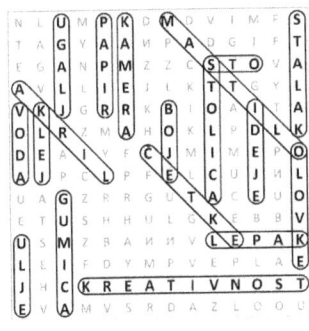

77 - Tage und Monate

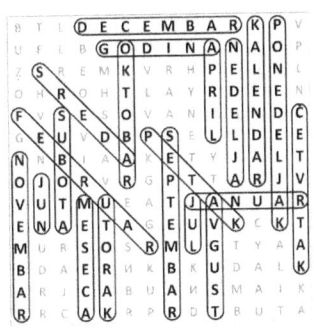

78 - Piraten

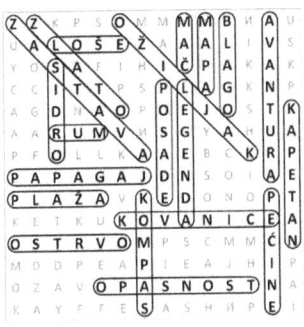

79 - Emotionen

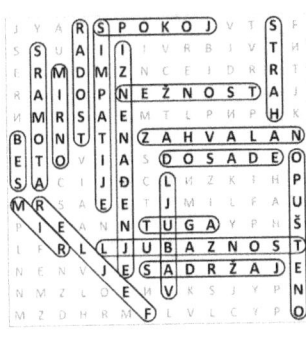

80 - Zu Füllen

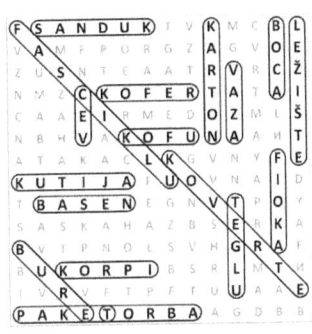

81 - Surfen

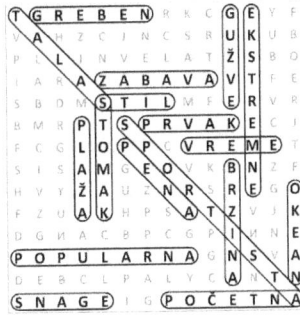

82 - Kräuterkunde

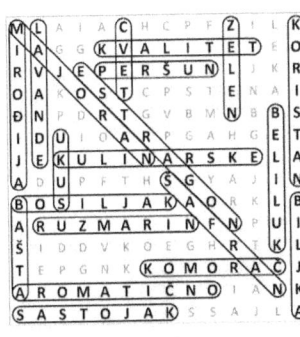

83 - Tugenden #1

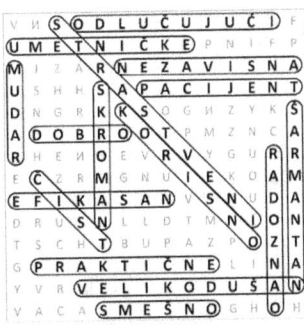

84 - Aktivitäten und Freizeit

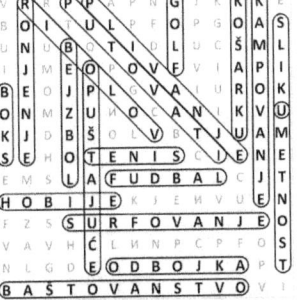

85 - Formen

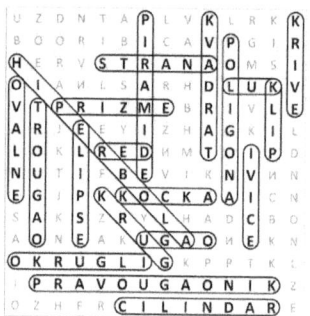

86 - Adjektive #2

87 - Kleidung

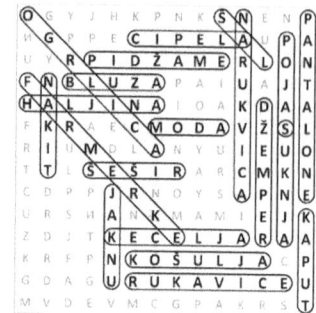

88 - Sommer

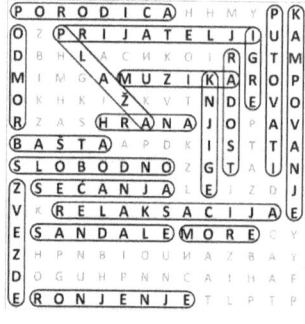

89 - Farben

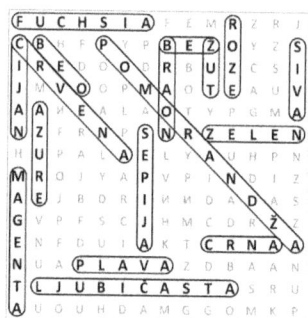

90 - Haus

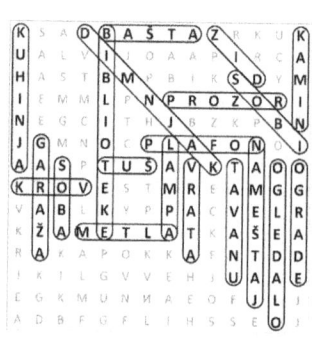

91 - Bauernhof #1

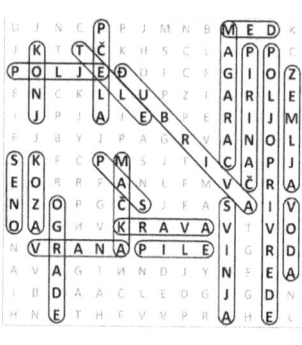

92 - Berufe #1

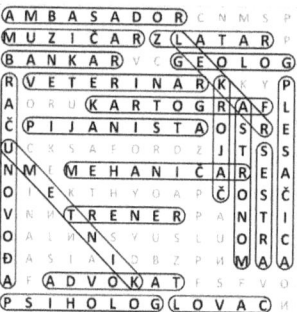

93 - Adjektive #1

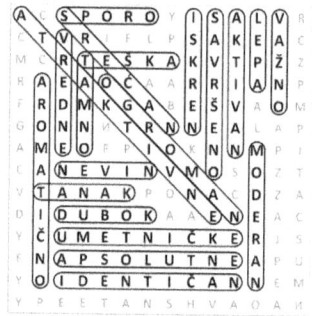

94 - Mathematik

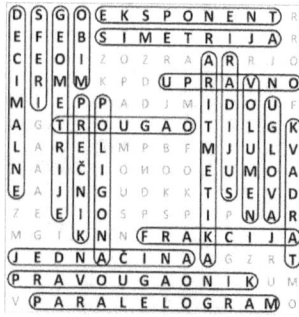

95 - Messungen

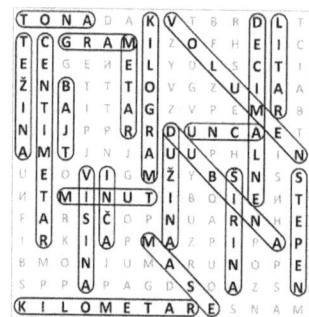

96 - Schlösser

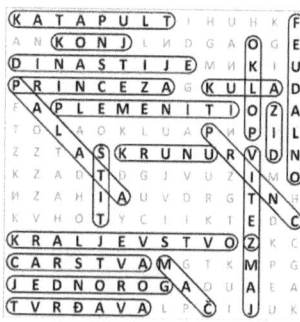

97 - Bauernhof #2

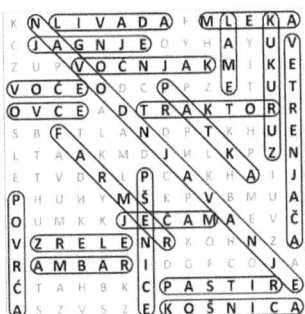

98 - Berufe #2

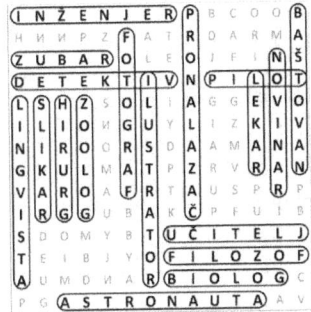

99 - Erforschung

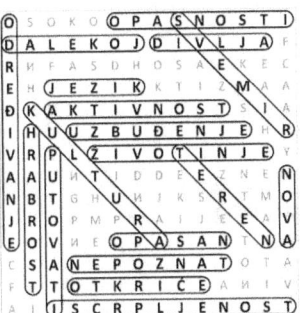

100 - Wetter

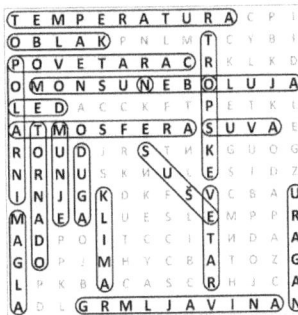

Wörterbuch

Abenteuer
Avantura

Aktivität	Aktivnost
Ausflug	Ekskurzije
Begeisterung	Entuzijazam
Chance	Šansa
Freude	Radost
Freunde	Prijatelji
Gefährlich	Opasan
Natur	Priroda
Navigation	Navigaciju
Neu	Nova
Reisen	Putuje
Route	Program
Schönheit	Lepota
Schwierigkeit	Teškoće
Sicherheit	Sigurnost
Tapferkeit	Hrabrost
Ungewöhnlich	Neobično
Überraschend	Iznenađujuće
Vorbereitung	Priprema
Ziel	Odredište

Adjektive #1
Придеви Бр.

Absolut	Apsolutne
Aktiv	Aktivan
Aromatisch	Aromatično
Attraktiv	Atraktivne
Dunkel	Tamno
Dünn	Tanak
Ehrlich	Iskren
Glücklich	Srećan
Identisch	Identičan
Künstlerisch	Umetničke
Langsam	Sporo
Modern	Moderan
Perfekt	Savršeno
Riesig	Ogroman
Schön	Lepa
Schwer	Teška
Tief	Dubok
Unschuldig	Nevin
Wertvoll	Vredne
Wichtig	Važno

Adjektive #2
Придеви Бр.

Authentisch	Autentičan
Berühmt	Poznat
Beschreibend	Opisni
Dramatisch	Dramatičan
Elegant	Elegantan
Essbar	Jestivo
Frisch	Sveže
Gesund	Zdrav
Hungrig	Gladan
Interessant	Zanimljivo
Kreativ	Kreativne
Natürlich	Prirodno
Neu	Nova
Normal	Normalno
Produktiv	Produktivni
Salzig	Slano
Stark	Jak
Stolz	Ponosni
Verantwortlich	Odgovoran
Wild	Divlja

Aktivitäten
Aktivnosti

Aktivität	Aktivnost
Angeln	Ribolov
Camping	Kampovanje
Entspannung	Relaksacija
Fotografie	Fotografije
Freizeit	Slobodno
Gartenarbeit	Baštovanstvo
Gemälde	Sliku
Jagd	Lov
Keramik	Keramike
Kunst	Umetnost
Kunsthandwerk	Zanata
Lesen	Čitanje
Magie	Magija
Nähen	Šivenje
Spiele	Igre
Stricken	Pletenje
Tanzen	Ples
Vergnügen	Zadovoljstvo
Wandern	Planinarenje

Aktivitäten und Freizeit
Aktivnosti i Slobodno Vr

Angeln	Ribolov
Baseball	Bejzbol
Basketball	Košarku
Boxen	Boks
Camping	Kampovanje
Entspannend	Opuštajuće
Fussball	Fudbal
Gartenarbeit	Baštovanstvo
Gemälde	Sliku
Golf	Golf
Hobbies	Hobije
Kunst	Umetnost
Reise	Putovati
Schwimmen	Plivanje
Surfen	Surfovanje
Tauchen	Ronjenje
Tennis	Tenis
Volleyball	Odbojka
Wandern	Planinarenje

Angeln
Ribolov

Ausrüstung	Oprema
Boot	Čamac
Draht	Žice
Flossen	Peraja
Fluss	Reke
Geduld	Strpljenja
Gewicht	Težina
Haken	Kuka
Jahreszeit	Sezona
Kiefer	Vilice
Kiemen	Škrge
Kochen	Kuvar
Korb	Korpi
Köder	Mamac
Ozean	Okean
See	Jezero
Strand	Plaža
Übertreibung	Preterivanja
Wasser	Voda

Antarktis
Антарктика

Bucht	Bej
Eis	Led
Erhaltung	Očuvanje
Expedition	Ekspedicije
Felsig	Roki
Forscher	Istraživač
Geographie	Geografije
Gletscher	Glečera
Halbinsel	Poluostrvo
Kontinent	Kontinent
Migration	Migracije
Mineralien	Minerala
Temperatur	Temperatura
Topographie	Topografije
Umwelt	Okruženju
Vögel	Ptice
Wasser	Voda
Wetter	Vreme
Wind	Vetrova
Wissenschaftlich	Naučne

Astronomie
Astronomija

Asteroid	Asteroid
Astronaut	Astronauta
Astronom	Astronom
Erde	Zemlje
Himmel	Nebo
Komet	Kometa
Konstellation	Sazvežđe
Kosmos	Kosmos
Meteor	Meteor
Mond	Mesec
Nebel	Nebula
Observatorium	Opservatorije
Planet	Planete
Rakete	Raketa
Satellit	Satelit
Stern	Zvezda
Supernova	Supernova
Teleskop	Teleskop
Tierkreis	Zodijaka
Universum	Svemir

Badezimmer
Kupatilo

Bad	Kupka
Blasen	Mehurića
Dampf	Pare
Dusche	Tuš
Handtuch	Peškir
Lotion	Losion
Parfüm	Parfem
Schere	Makaze
Schwamm	Sunđer
Seife	Sapun
Shampoo	Šampon
Spiegel	Ogledalo
Teppich	Tepih
Toilette	Toalet
Wasser	Voda
Wasserhahn	Slavina

Ballett
Balet

Anmutig	Graciozan
Applaus	Aplauz
Ausdrucksvoll	Izražajan
Ballerina	Balerina
Choreographie	Koreografija
Fähigkeit	Veština
Geste	Gest
Intensität	Intenzitet
Komponist	Kompozitor
Künstlerisch	Umetničke
Musik	Muzika
Muskel	Mišića
Orchester	Orkestar
Probe	Probe
Publikum	Publike
Rhythmus	Ritam
Solo	Solo
Stil	Stil
Tänzer	Plesača
Technik	Tehnika

Barbecues
Роштиљ

Abendessen	Večera
Familie	Porodica
Freunde	Prijatelji
Frucht	Voće
Gabeln	Viljuške
Gemüse	Povrće
Grill	Roštilj
Heiss	Vruće
Huhn	Pile
Hunger	Glad
Kinder	Deca
Messer	Noževi
Mittagessen	Ručak
Musik	Muzika
Pfeffer	Biber
Salate	Salate
Salz	So
Sommer	Leto
Sosse	Sos
Spiele	Igre

Bauernhof #1
Фарма Бр.

Biene	Pčela
Dünger	Đubriva
Esel	Magarac
Feld	Polje
Heu	Seno
Honig	Med
Huhn	Pile
Hund	Pas
Kalb	Tele
Katze	Mačka
Krähe	Vrana
Kuh	Krava
Land	Zemlja
Landwirtschaft	Poljoprivrede
Pferd	Konj
Reis	Pirinač
Schwein	Svinja
Wasser	Voda
Zaun	Ograde
Ziege	Koza

Bauernhof #2
Фарма # 2

Bauer	Farmer
Bewässerung	Navodnjavanje
Bienenstock	Košnica
Ente	Patka
Frucht	Voće
Gemüse	Povrća
Gerste	Ječam
Lama	Lame
Lamm	Jagnje
Mais	Kukuruz
Milch	Mleka
Obstgarten	Voćnjak
Reif	Zrele
Schaf	Ovce
Schäfer	Pastir
Scheune	Ambar
Traktor	Traktor
Weizen	Pšenice
Wiese	Livada
Windmühle	Vetrenjača

Berufe #1
Професије Бр.

Arzt	Lekar
Astronom	Astronom
Bankier	Bankar
Botschafter	Ambasador
Buchhalter	Računovođa
Geologe	Geolog
Jäger	Lovac
Juwelier	Zlatar
Kartograph	Kartograf
Krankenschwester	Sestra
Künstler	Umetnik
Mechaniker	Mehaničar
Musiker	Muzičar
Pianist	Pijanista
Psychologe	Psiholog
Rechtsanwalt	Advokat
Schneider	Krojač
Tänzer	Plesačica
Tierarzt	Veterinar
Trainer	Trener

Berufe #2
Професије Бр.

Arzt	Lekar
Astronaut	Astronauta
Bibliothekar	Bibliotekar
Biologe	Biolog
Chirurg	Hirurg
Detektiv	Detektiv
Erfinder	Pronalazač
Forscher	Istraživač
Fotograf	Fotograf
Gärtner	Baštovan
Illustrator	Ilustrator
Ingenieur	Inženjer
Journalist	Novinar
Lehrer	Učitelj
Linguist	Lingvista
Maler	Slikar
Philosoph	Filozof
Pilot	Pilot
Zahnarzt	Zubar
Zoologe	Zoolog

Bienen
Pčele

Bestäuber	Oprašivač
Bienenkorb	Košnice
Blumen	Cveće
Blüte	Cvet
Flügel	Krila
Frucht	Voće
Garten	Bašta
Honig	Med
Insekt	Insekt
Königin	Kraljica
Lebensraum	Stanište
Ökosystem	Ekosistem
Pflanzen	Biljke
Pollen	Polen
Rauch	Dim
Schwarm	Roj
Sonne	Sunce
Vielfalt	Raznolikost
Vorteilhaft	Koristan
Wachs	Vosak

Bildende Kunst
Vizuelne Umetnosti

Architektur	Arhitektura
Bleistift	Olovka
Film	Film
Foto	Fotografija
Gemälde	Slikarstvo
Holzkohle	Ugalj
Keramik	Keramike
Kreativität	Kreativnost
Kreide	Krede
Künstler	Umetnik
Lack	Lak
Meisterwerk	Remek-Delo
Perspektive	Perspektive
Porträt	Portret
Schablone	Šablon
Skulptur	Skulpture
Staffelei	Stalak
Ton	Gline
Wachs	Vosak
Zusammensetzung	Sastav

Blumen
Cveće

Blütenblatt	Latica
Gardenie	Gardenija
Gänseblümchen	Dejzi
Hibiskus	Hibiskus
Jasmin	Jasmin
Klee	Detelina
Lavendel	Lavande
Lila	Jorgovan
Lilie	Lili
Löwenzahn	Maslačak
Magnolie	Magnolije
Mohn	Maka
Orchidee	Orhideja
Passionsblume	Passionflover
Pfingstrose	Božur
Plumeria	Plumerija
Rose	Ruža
Sonnenblume	Suncokret
Strauss	Buket
Tulpe	Lala

Boote
Brodovi

Anker	Sidro
Boje	Bova
Crew	Posade
Dock	Dok
Fähre	Trajekt
Floss	Splav
Fluss	Reke
Kajak	Kajak
Kanu	Kanu
Mast	Jarbol
Meer	More
Motor	Motor
Nautisch	Nautičkih
Ozean	Okean
See	Jezero
Seemann	Mornar
Segelboot	Jedrilica
Seil	Konopac
Wellen	Talasa
Yacht	Jahte

Bücher
Knjige

Abenteuer	Avantura
Autor	Autor
Dualität	Dvojnost
Episch	Epske
Erfinderisch	Inventivni
Erzähler	Narator
Gedicht	Pesma
Geschichte	Priča
Geschrieben	Napisan
Historisch	Istorijski
Humorvoll	Duhovit
Kollektion	Kolekcija
Kontext	Kontekst
Leser	Čitač
Literarisch	Književne
Poesie	Poezije
Roman	Roman
Seite	Strana
Serie	Serija
Tragisch	Tragične

Camping
Kampovanje

Abenteuer	Avantura
Berg	Planine
Feuer	Požar
Hängematte	Viseća
Hut	Šešir
Insekt	Insekt
Jagd	Lov
Kabine	Kabine
Kanu	Kanu
Karte	Mapa
Kompass	Kompas
Laterne	Fenjer
Mond	Mesec
Natur	Priroda
See	Jezero
Seil	Konopac
Spass	Zabava
Tiere	Životinje
Wald	Šuma
Zelt	Šator

Dinosaurier
Dinosaurusi

Allesfresser	Svejed
Art	Vrste
Beute	Plen
Bösartig	Zlobna
Enorm	Ogromne
Erde	Zemlje
Evolution	Evolucije
Fleischfresser	Mesojed
Flügel	Krila
Fossilien	Fosila
Gross	Velika
Grösse	Veličina
Leistungsstark	Moćan
Mammut	Mamut
Pflanzenfresser	Biljojed
Prähistorisch	Praistorijski
Reptil	Reptil
Schwanz	Rep
Verschwinden	Nestanak

Emotionen
Emocije

Angst	Strah
Beschämt	Sramota
Dankbar	Zahvalan
Entspannt	Opušteno
Freude	Radost
Freundlichkeit	Ljubaznost
Frieden	Mir
Inhalt	Sadržaj
Langeweile	Dosade
Liebe	Ljubav
Relief	Reljef
Ruhe	Spokoj
Ruhig	Mirno
Sympathie	Simpatije
Traurigkeit	Tuga
Überraschen	Iznenađenje
Wut	Bes
Zärtlichkeit	Nežnost
Zufrieden	Zadovoljan

Erforschung
Istraživanje

Aktivität	Aktivnost
Aufregung	Uzbuđenje
Entdeckung	Otkriće
Entschlossenheit	Određivanje
Erschöpfung	Iscrpljenost
Fern	Dalekoj
Gefahren	Opasnosti
Gefährlich	Opasan
Gelände	Teren
Kulturen	Kultura
Mut	Hrabrost
Neu	Nova
Raum	Svemir
Reise	Putovati
Sprache	Jezik
Tiere	Životinje
Unbekannt	Nepoznat
Wild	Divlja

Erhaltung
Konzervacija

Bildung	Obrazovanje
Chemikalien	Hemikalije
Freiwillige	Volonter
Gesundheit	Zdravlje
Grün	Zelen
Klima	Klima
Lebensraum	Stanište
Nachhaltig	Održiv
Natürlich	Prirodno
Organisch	Organski
Ökosystem	Ekosistem
Pestizid	Pesticid
Recyceln	Reciklira
Reduzieren	Smanjiti
Umwelt	Ekološka
Verschmutzung	Zagađenja
Wasser	Voda
Zyklus	Ciklus

Ernährung
Ishrana

Appetit	Apetit
Ausgewogen	Uravnotežen
Bitter	Gorka
Diät	Dijeta
Essbar	Jestivo
Fermentation	Fermentacije
Flüssigkeiten	Tečnosti
Geschmack	Ukus
Gesund	Zdrav
Gesundheit	Zdravlje
Getreide	Žitarice
Gewicht	Težina
Kalorien	Kalorija
Portion	Deo
Proteine	Proteina
Qualität	Kvalitet
Sosse	Sos
Toxin	Otrov
Verdauung	Varenje
Vitamin	Vitamin

Essen #1
Храна Бр.

Basilikum	Bosiljak
Birne	Kruške
Erdbeere	Jagoda
Erdnuss	Kikiriki
Fleisch	Mesa
Kaffee	Kafa
Karotte	Šargarepa
Knoblauch	Beli Luk
Milch	Mleka
Rübe	Repa
Saft	Sok
Salat	Salata
Salz	So
Spinat	Spanać
Suppe	Supa
Thunfisch	Tuna
Zimt	Cimet
Zitrone	Limun
Zucker	Šećera
Zwiebel	Luk

Essen #2
Храна # 2

Apfel	Jabuka
Artischocke	Artičoke
Aubergine	Patlidžan
Banane	Banane
Brokkoli	Brokoli
Brot	Hleb
Ei	Jaje
Fisch	Ribe
Joghurt	Jogurt
Käse	Sir
Kirsche	Višnje
Mandel	Badem
Pilz	Gljiva
Reis	Pirinač
Schinken	Šunka
Schokolade	Čokolada
Sellerie	Celer
Spargel	Asparagus
Tomate	Paradajz
Weizen	Pšenice

Fahren
Vožnja

Auto	Kola
Bremsen	Kočnice
Brennstoff	Gorivo
Bus	Autobus
Fussgänger	Pešak
Garage	Garaža
Gas	Gas
Gefahr	Opasnost
Geschwindigkeit	Brzina
Karte	Mapa
Lizenz	Licencu
Lkw	Kamion
Motorrad	Motor
Polizei	Policija
Sicherheit	Sigurnost
Transport	Prevoz
Tunnel	Tunel
Unfall	Nesreća
Verkehr	Saobraćaja
Vorsicht	Oprez

Fahrzeuge
Vozila

Auto	Kola
Boot	Čamac
Bus	Autobus
Fahrrad	Bicikl
Fähre	Trajekt
Floss	Splav
Flugzeug	Avion
Hubschrauber	Helikopter
Krankenwagen	Hitnu
Lkw	Kamion
Motor	Motor
Rakete	Raketa
Reifen	Gume
Roller	Skuter
Taxi	Taksi
Traktor	Traktor
U-Bahn	Metro
U-Boot	Podmornice
Wohnwagen	Karavan
Zug	Voz

Familie
Porodica

Bruder	Brat
Ehefrau	Supruga
Ehemann	Muž
Enkel	Unuk
Grossmutter	Baka
Grossvater	Deda
Kind	Dete
Kindheit	Detinjstva
Mutter	Majka
Mütterlich	Majčinske
Neffe	Nećak
Nichte	Nećakinja
Onkel	Ujak
Schwester	Sestra
Tante	Tetka
Tochter	Ćerka
Vater	Otac
Väterlich	Očinske
Vetter	Rođak
Vorfahr	Predak

Farben
Boje

Azurblau	Azure
Beige	Bež
Blau	Plava
Braun	Braon
Fuchsie	Fuchsia
Gelb	Žut
Grau	Siva
Grün	Zelen
Lila	Ljubičasta
Magenta	Magenta
Orange	Pomorandža
Rosa	Roze
Rot	Crvena
Schwarz	Crna
Sepia	Sepija
Weiss	Beo
Zyan	Cijan

Flugzeuge
Avioni

Abenteuer	Avantura
Abstieg	Silazak
Atmosphäre	Atmosfera
Ballon	Balon
Brennstoff	Gorivo
Crew	Posade
Design	Dizajn
Geschichte	Istorija
Himmel	Nebo
Höhe	Visina
Konstruktion	Konstrukcija
Luft	Vazduh
Motor	Motor
Navigieren	Kretanje
Passagier	Putnik
Pilot	Pilot
Propeller	Propelera
Turbulenz	Turbulencije
Wasserstoff	Vodonik
Wetter	Vreme

Formen
Oblici

Bogen	Luk
Dreieck	Trougao
Ecke	Ugao
Ellipse	Elipse
Hyperbel	Hiperbola
Kanten	Ivice
Kegel	Klip
Kreis	Krug
Kurve	Krive
Linie	Red
Oval	Ovalne
Polygon	Poligona
Prisma	Prizme
Pyramide	Piramide
Quadrat	Kvadrat
Rechteck	Pravougaonik
Rund	Okrugli
Seite	Strana
Würfel	Kocka
Zylinder	Cilindar

Garten
Гарден

Bank	Klupa
Baum	Drvo
Blume	Cvet
Boden	Zemlja
Busch	Grm
Garage	Garaža
Garten	Bašta
Gras	Trava
Hängematte	Viseća
Obstgarten	Voćnjak
Rasen	Travnjak
Rechen	Grablje
Schaufel	Lopata
Schlauch	Crevo
Teich	Jezeru
Terrasse	Terasa
Trampolin	Trampolin
Unkraut	Korov
Veranda	Trem
Zaun	Ograde

Gebäude
Zgrade

Bauernhof	Farmi
Botschaft	Ambasade
Fabrik	Fabrike
Garage	Garaža
Herberge	Hostel
Hotel	Hotel
Kabine	Kabine
Kino	Bioskop
Krankenhaus	Bolnica
Labor	Laboratorija
Museum	Muzej
Observatorium	Opservatorije
Scheune	Ambar
Schule	Škola
Stadion	Stadion
Supermarkt	Supermarketa
Theater	Pozorište
Turm	Kula
Universität	Univerzitet
Zelt	Šator

Geburtstag
Rođendan

Einladungen	Pozivnice
Erinnerungen	Sećanja
Feier	Proslava
Freudig	Radosno
Freunde	Prijatelji
Geboren	Rođen
Geschenk	Poklon
Glücklich	Srećan
Jahr	Godina
Jung	Mlad
Kalender	Kalendar
Karten	Kartice
Kerzen	Sveće
Kuchen	Torta
Lied	Pesma
Spass	Zabava
Spezial	Posebno
Tag	Dan
Weisheit	Mudrost
Zeit	Vreme

Gemüse
Povrće

Artischocke	Artičoke
Aubergine	Patlidžan
Blumenkohl	Karfiol
Brokkoli	Brokoli
Erbse	Graška
Gurke	Krastavac
Ingwer	Đumbir
Karotte	Šargarepa
Kartoffel	Krompir
Knoblauch	Beli Luk
Kürbis	Bundeve
Olive	Maslina
Petersilie	Peršun
Pilz	Gljiva
Rübe	Repa
Salat	Salata
Sellerie	Celer
Spinat	Spanać
Tomate	Paradajz
Zwiebel	Luk

Geographie
Geografija

Atlas	Atlas
Äquator	Ekvator
Berg	Planine
Fluss	Reke
Gebiet	Teritorije
Hemisphäre	Hemisfere
Höhe	Visinu
Insel	Ostryo
Karte	Mapa
Kontinent	Kontinent
Land	Zemlju
Meer	More
Meridian	Meridijan
Norden	Sever
Ozean	Okean
Region	Regiona
Stadt	Grad
Tropen	Tropima
Welt	Svet
West	Zapad

Geologie
Geologija

Erdbeben	Zemljotres
Erosion	Erozije
Fossil	Fosil
Geschmolzen	Rastopljeni
Geysir	Gejzir
Höhle	Kaverna
Kalzium	Kalcijum
Kontinent	Kontinent
Koralle	Koral
Lava	Lava
Mineralien	Minerala
Plateau	Plato
Quarz	Kvarc
Salz	So
Säure	Kiseline
Stalagmiten	Stalagmita
Stalaktit	Stalaktit
Stein	Kamen
Vulkan	Vulkan
Zone	Zoni

Gewürze
Začini

Anis	Anisa
Bitter	Gorka
Curry	Kari
Fenchel	Komorač
Geschmack	Ukus
Ingwer	Đumbir
Kardamom	Kardamom
Knoblauch	Beli Luk
Kreuzkümmel	Kumin
Lakritze	Sladiće
Nelke	Karanfilić
Paprika	Paprika
Pfeffer	Biber
Safran	Šafran
Salz	So
Sauer	Kiselo
Süss	Slatko
Vanille	Vanile
Zimt	Cimet
Zwiebel	Luk

Haartypen
Tipovi Kose

Blond	Plava
Braun	Braon
Dick	Debeo
Dünn	Tanak
Farbig	Obojene
Geflochten	Pleteni
Gesund	Zdrav
Grau	Siva
Kahl	Ćelav
Kurz	Kratak
Lang	Dugo
Locken	Lokne
Lockig	Kovrdžava
Schwarz	Crna
Silber	Srebro
Trocken	Suva
Weich	Meka
Weiss	Beo
Wellig	Talasasta
Zöpfe	Pletenice

Haus
Kuća

Besen	Metla
Bibliothek	Biblioteke
Dach	Krov
Dachboden	Tavanu
Decke	Plafon
Dusche	Tuš
Fenster	Prozor
Garage	Garaža
Garten	Bašta
Kamin	Kamin
Küche	Kuhinja
Lampe	Lampa
Möbel	Nameštaj
Schlafzimmer	Sobi
Schornstein	Dimnjak
Spiegel	Ogledalo
Tür	Vrata
Wand	Zid
Zaun	Ograde
Zimmer	Soba

Haustiere
Kućni Ljubimci

Eidechse	Gušter
Essen	Hrana
Fisch	Ribe
Hamster	Hrčak
Hase	Zec
Hund	Pas
Katze	Mačka
Kätzchen	Mače
Kragen	Okovratnik
Krallen	Kandže
Kuh	Krava
Leine	Povodac
Maus	Miš
Papagei	Papagaj
Schildkröte	Kornjača
Schwanz	Rep
Tierarzt	Veterinar
Wasser	Voda
Welpe	Štene
Ziege	Koza

Insekten
Insekti

Ameise	Mrav
Biene	Pčela
Blattlaus	Uširenih
Floh	Buva
Gottesanbeterin	Mantis
Heuschrecke	Skakavac
Hornisse	Stršljena
Kakerlake	Bubašvaba
Käfer	Buba
Larve	Larva
Libelle	Vilin Konjic
Marienkäfer	Bubamara
Motte	Moljac
Mücke	Komarac
Schmetterling	Leptir
Termite	Termit
Wespe	Osa
Wurm	Crv
Zikade	Cvrčci

Katzen
Mačke

Fell	Krzno
Garn	Prediva
Jäger	Lovac
Komisch	Smešno
Kralle	Kandža
Maus	Miš
Neugierig	Radoznao
Persönlichkeit	Ličnosti
Pfote	Šape
Schlafen	San
Schnell	Brzo
Schüchtern	Stidljiv
Schwanz	Rep
Unabhängig	Nezavisna
Verrückt	Lud
Verspielt	Razigran
Wenig	Malo
Wild	Divlja

Kleidung
Odeća

Armband	Narukvica
Bluse	Bluza
Gürtel	Pojas
Halskette	Ogrlica
Handschuhe	Rukavice
Hemd	Košulja
Hose	Pantalone
Hut	Šešir
Jacke	Jaknu
Jeans	Farmerke
Kleid	Haljina
Mantel	Kaput
Mode	Moda
Pullover	Džemper
Rock	Suknja
Schal	Šal
Schlafanzug	Pidžame
Schmuck	Nakit
Schuh	Cipela
Schürze	Kecelja

Klettern
Penjanje

Atmosphäre	Atmosfera
Ausbildung	Obuka
Experte	Ekspert
Führer	Vodiči
Gelände	Teren
Handschuhe	Rukavice
Helm	Kacigu
Höhe	Visinu
Höhle	Pećine
Karte	Mapa
Neugier	Radoznalost
Physisch	Fizički
Schmal	Uska
Stabilität	Stabilnost
Stärke	Snage
Stiefel	Čizme
Verletzung	Povreda
Wandern	Planinarenje

Komödie
Komedija

Applaus	Aplauz
Ausdrucksvoll	Izražajan
Clowns	Klovna
Fernsehen	Televizija
Genre	Žanr
Humor	Humor
Improvisation	Improvizacije
Komisch	Smešno
Lachen	Smeh
Parodie	Parodija
Publikum	Publike
Schauspieler	Glumac
Schauspielerin	Glumica
Spass	Zabava
Theater	Pozorište
Witze	Šale

Kräuterkunde
Herbalizam

Aromatisch	Aromatično
Basilikum	Bosiljak
Blume	Cvet
Dill	Mirođija
Estragon	Estragon
Fenchel	Komorač
Garten	Bašta
Geschmack	Ukus
Grün	Zelen
Knoblauch	Beli Luk
Kulinarisch	Kulinarske
Lavendel	Lavande
Majoran	Majoran
Petersilie	Peršun
Pflanze	Biljka
Qualität	Kvalitet
Rosmarin	Ruzmarin
Safran	Šafran
Vorteilhaft	Koristan
Zutat	Sastojak

Kunst
Umetnost

Ausdruck	Izraz
Ehrlich	Iskren
Einfach	Jednostavan
Gegenstand	Tema
Gemälde	Slike
Inspiriert	Inspirisan
Keramik	Keramičke
Komplex	Kompleks
Original	Originalne
Persönlich	Lični
Poesie	Poezije
Porträtieren	Portret
Schaffen	Stvoriti
Skulptur	Skulpture
Stimmung	Raspoloženje
Surrealismus	Nadrealizam
Symbol	Simbol
Visuell	Vizuelni
Zusammensetzung	Sastav

Kunst Liefert
Umetnički Pribor

Acryl	Akril
Bleistifte	Olovke
Bürsten	Četke
Farben	Boje
Holzkohle	Ugalj
Ideen	Ideje
Kamera	Kamera
Kreativität	Kreativnost
Leim	Lepak
Öl	Ulje
Papier	Papir
Radiergummi	Gumica
Staffelei	Stalak
Stuhl	Stolica
Tabelle	Sto
Tinte	Mastilo
Ton	Klej
Wasser	Voda

Küche
Kuhinja

Essen	Hrana
Essstäbchen	Štapići
Gabeln	Viljuške
Gefrierschrank	Zamrzivač
Gewürze	Začini
Grill	Roštilj
Kelle	Lonca
Krug	Vrč
Kühlschrank	Frižider
Löffel	Kašike
Messer	Noževi
Ofen	Rerna
Rezept	Recept
Schürze	Kecelja
Schüssel	Činiju
Schwamm	Sunđer
Serviette	Salveta
Tassen	Šolje
Wasserkocher	Čajnik

Landschaften
Pejzaži

Berg	Planine
Eisberg	Ledenog Brega
Fluss	Reke
Geysir	Gejzir
Gletscher	Glečer
Golf	Zaliv
Halbinsel	Poluostrvo
Höhle	Pećine
Hügel	Brdo
Insel	Ostrvo
Meer	More
Oase	Oaze
See	Jezero
Strand	Plaža
Sumpf	Močvara
Tal	Dolini
Tundra	Tundre
Vulkan	Vulkan
Wasserfall	Vodopad
Wüste	Pustinji

Länder #2
Zemlje #2

Albanien	Albanija
Äthiopien	Etiopije
Frankreich	Francuske
Griechenland	Grčke
Haiti	Haiti
Irland	Irska
Jamaika	Jamajka
Japan	Japan
Kenia	Kenija
Laos	Laos
Liberia	Liberije
Mexiko	Meksiko
Nepal	Nepal
Nigeria	Nigerija
Pakistan	Pakistan
Russland	Rusija
Sudan	Sudan
Syrien	Sirije
Uganda	Ugandi
Ukraine	Ukrajina

Literatur
Književnost

Analogie	Analogija
Analyse	Analiza
Anekdote	Anegdota
Autor	Autor
Beschreibung	Opis
Biographie	Biografija
Dialog	Dijalog
Erzähler	Narator
Fiktion	Fikcija
Gedicht	Pesma
Metapher	Metafora
Poetisch	Pesničke
Reim	Rime
Rhythmus	Ritam
Roman	Roman
Schlussfolgerung	Zaključak
Stil	Stil
Thema	Tema
Tragödie	Tragedije
Vergleich	Poređenje

Mathematik
Matematike

Arithmetik	Aritmetika
Bruchteil	Frakcija
Dezimal	Decimalne
Dreieck	Trougao
Durchmesser	Prečnik
Exponent	Eksponent
Geometrie	Geometrije
Gleichung	Jednačina
Kugel	Sferi
Parallel	Paralelni
Parallelogramm	Paralelogram
Polygon	Poligona
Quadrat	Kvadrat
Radius	Radijus
Rechteck	Pravougaonik
Senkrecht	Upravno
Symmetrie	Simetrija
Umfang	Obim
Volumen	Volumen
Winkel	Uglova

Meditation
Meditacija

Annahme	Prihvatanje
Atmung	Disanje
Aufmerksamkeit	Pažnja
Bewegung	Pokret
Dankbarkeit	Zahvalnost
Freundlichkeit	Ljubaznost
Frieden	Mir
Gedanken	Misli
Geistig	Mentalne
Glück	Sreća
Klarheit	Jasnoće
Lehre	Učenja
Mitgefühl	Saosećanje
Musik	Muzika
Natur	Priroda
Perspektive	Perspektive
Ruhig	Mirno
Stille	Tišina
Verstand	Um
Wach	Budan

Meisterschaft
Prvenstvo

Ausdauer	Izdržljivosti
Champion	Prvak
Finalist	Finalista
Liga	Liga
Mannschaft	Tim
Medaille	Medalja
Meisterschaft	Prvenstvo
Motivation	Motivacija
Performance	Nastup
Richter	Sudija
Schweiss	Znojenje
Sieg	Pobeda
Spiele	Igre
Sport	Sport
Strategie	Strategiju
Trainer	Trener
Turnier	Turnir

Menschlicher Körper
Ljudsko Telo

Bein	Nogu
Blut	Krv
Ellbogen	Lakat
Finger	Prst
Gehirn	Mozak
Gesicht	Lice
Hals	Vrat
Hand	Ruka
Haut	Koža
Herz	Srce
Kiefer	Vilice
Kinn	Brada
Knie	Koleno
Knöchel	Skočni Zglob
Kopf	Glava
Mund	Usta
Nase	Nos
Ohr	Uvo
Schulter	Rame
Zunge	Jezik

Messungen
Меасурементс

Breite	Širina
Byte	Bajt
Dezimal	Decimalne
Gewicht	Težina
Grad	Stepen
Gramm	Gram
Höhe	Visina
Kilogramm	Kilogram
Kilometer	Kilometar
Länge	Dužina
Liter	Litar
Masse	Mase
Meter	Metar
Minute	Minut
Tiefe	Dubina
Tonne	Tona
Unze	Unca
Volumen	Volumen
Zentimeter	Centimetar
Zoll	Inča

Musikinstrumente
Muzički Instrumenti

Banjo	Bendžo
Cello	Violončelo
Drumsticks	Batak
Fagott	Fagot
Flöte	Flauta
Geige	Violinu
Gitarre	Gitara
Gong	Gong
Harfe	Harfe
Klarinette	Klarinet
Klavier	Klavir
Mandoline	Mandolina
Mundharmonika	Harmonika
Oboe	Obou
Posaune	Trombon
Saxophon	Saksofon
Schlagzeug	Udaraljke
Tamburin	Tamburaša
Trommel	Bubanj
Trompete	Truba

Mythologie
Mitologija

Archetyp	Arhetip
Blitz	Munje
Donner	Grmljavina
Eifersucht	Ljubomore
Held	Heroj
Himmel	Nebesa
Katastrophe	Katastrofe
Kreation	Stvaranje
Kreatur	Stvorenje
Krieger	Ratnik
Kultur	Kultura
Labyrinth	Lavirint
Legende	Legenda
Magisch	Magične
Monster	Čudovište
Rache	Osveta
Stärke	Snage
Sterblich	Smrtni
Unsterblichkeit	Besmrtnost
Verhalten	Ponašanje

Natur
Priroda

Arktis	Arktik
Berge	Planine
Bienen	Pčele
Dynamisch	Dinamičan
Erosion	Erozije
Fluss	Reke
Friedlich	Mirno
Gletscher	Glečer
Heiligtum	Svetilište
Heiter	Spokojan
Laub	Lišće
Lebenswichtig	Vitalni
Nebel	Magla
Schönheit	Lepota
Schutz	Sklonište
Tiere	Životinje
Tropisch	Tropske
Wald	Šuma
Wild	Divlja
Wüste	Pustinji

Obst
Voće

Ananas	Ananas
Apfel	Jabuka
Aprikose	Kajsije
Avocado	Avokado
Banane	Banane
Beere	Berri
Birne	Kruške
Brombeere	Kupina
Himbeere	Maline
Kirsche	Višnje
Kiwi	Kivi
Kokosnuss	Kokos
Melone	Dinja
Nektarine	Nektarina
Orange	Pomorandža
Papaya	Papaja
Pfirsich	Breskve
Pflaume	Plam
Traube	Grožđa
Zitrone	Limun

Ozean
Okeana

Aal	Jegulja
Auster	Ostriga
Boot	Čamac
Delfin	Delfin
Fisch	Ribe
Garnele	Škampi
Gezeiten	Plime
Hai	Ajkula
Koralle	Koral
Krabbe	Kraba
Krake	Hobotnice
Qualle	Meduza
Riff	Greben
Salz	So
Schildkröte	Kornjača
Schwamm	Sunđer
Sturm	Oluja
Thunfisch	Tuna
Wal	Kit
Wellen	Talasa

Ökologie
Ekologija

Art	Vrste
Berge	Planine
Dürre	Suše
Fauna	Faune
Flora	Flore
Freiwillige	Volontera
Gemeinschaft	Zajednice
Global	Globalno
Klima	Klima
Lebensraum	Stanište
Marine	Morskih
Nachhaltig	Održiv
Natur	Priroda
Natürlich	Prirodno
Pflanzen	Biljke
Ressourcen	Resurse
Sumpf	Močvara
Überleben	Opstanak
Vegetation	Vegetacije
Vielfalt	Raznolikost

Pflanzen
Biljke

Bambus	Bambus
Baum	Drvo
Beere	Berri
Blume	Cvet
Blütenblatt	Latica
Bohne	Pasulj
Botanik	Botanike
Busch	Grm
Dünger	Đubriva
Efeu	Bršljan
Flora	Flore
Garten	Bašta
Gras	Trava
Kaktus	Kaktus
Kraut	Herb
Laub	Lišće
Moos	Mahovina
Vegetation	Vegetacije
Wald	Šuma
Wurzel	Koren

Piraten
Pirati

Abenteuer	Avantura
Anker	Sidro
Crew	Posade
Flagge	Zastava
Gefahr	Opasnost
Gold	Zlato
Höhle	Pećine
Insel	Ostrvo
Kapitän	Kapetan
Karte	Mapa
Kompass	Kompas
Legende	Legenda
Münzen	Kovanice
Narbe	Ožiljak
Papagei	Papagaj
Rum	Rum
Schatz	Blago
Schlecht	Loše
Schwert	Mač
Strand	Plaža

Regenwald
Rainforest

Amphibien	Vodozemci
Art	Vrste
Botanisch	Botanički
Dschungel	Džungli
Einheimisch	Autohtonih
Gemeinschaft	Zajednica
Insekten	Insekti
Klima	Klima
Moos	Mahovina
Natur	Priroda
Respekt	Poštovati
Säugetiere	Sisara
Überleben	Opstanak
Vielfalt	Raznolikost
Vögel	Ptice
Wertvoll	Vredne
Wolken	Oblaci
Zuflucht	Utočište

Restaurant #1
Ресторан бр. 1

Allergie	Alergije
Brot	Hleb
Dessert	Desert
Essen	Hrana
Fleisch	Mesa
Huhn	Pile
Kaffee	Kafa
Kassierer	Blagajnik
Kellnerin	Konobarica
Küche	Kuhinja
Menü	Meni
Messer	Nož
Reservierung	Rezervacije
Schüssel	Činiju
Serviette	Salveta
Sosse	Sos
Teller	Ploča
Würzig	Začinjeno

Restaurant #2
Ресторан № 2

Abendessen	Večera
Eier	Jaja
Eis	Led
Fisch	Ribe
Frucht	Voće
Gabel	Viljuška
Gemüse	Povrće
Getränk	Napitak
Gewürze	Začini
Kellner	Kelner
Köstlich	Ukusno
Kuchen	Torta
Löffel	Kašika
Mittagessen	Ručak
Nudeln	Rezanci
Salat	Salata
Salz	So
Stuhl	Stolica
Suppe	Supa
Wasser	Voda

Säugetiere
Sisari

Affe	Majmun
Bär	Medved
Biber	Dabar
Elefant	Slon
Fuchs	Lisica
Giraffe	Žirafa
Gorilla	Gorila
Hund	Pas
Känguru	Kengur
Kojote	Kojota
Löwe	Lav
Panther	Panter
Pferd	Konj
Ratte	Pacov
Schaf	Ovce
Stier	Bik
Tiger	Tigar
Wal	Kit
Wolf	Vuk
Zebra	Zebra

Schach
Šah

Champion	Prvak
Diagonal	Dijagonale
Gegner	Protivnik
König	Kralj
Königin	Kraljica
Opfer	Žrtvovanje
Passiv	Pasivni
Punkte	Poeni
Regeln	Pravila
Schwarz	Crna
Spiel	Igra
Spieler	Igrač
Strategie	Strategiju
Turnier	Turnir
Weiss	Beo
Wettbewerb	Takmičenje
Zeit	Vreme

Schlösser
Dvorci

Drache	Zmaj
Dynastie	Dinastije
Edel	Plemeniti
Einhorn	Jednorog
Festung	Tvrđava
Feudal	Feudalno
Katapult	Katapult
Königreich	Kraljevstvo
Krone	Krunu
Palast	Palata
Pferd	Konj
Prinz	Princ
Prinzessin	Princeza
Reich	Carstva
Ritter	Vitez
Rüstung	Oklop
Schild	Štit
Schwert	Mač
Turm	Kula
Wand	Zid

Schokolade
Čokolada

Antioxidans	Antioksidans
Aroma	Arome
Bitter	Gorka
Erdnüsse	Kikiriki
Exotisch	Egzotične
Favorit	Omiljeni
Geschmack	Ukus
Handwerklich	Zanatski
Kakao	Kakao
Kalorien	Kalorija
Karamell	Karamel
Kokosnuss	Kokos
Köstlich	Ukusno
Pulver	Prah
Qualität	Kvalitet
Rezept	Recept
Süss	Slatko
Zucker	Šećera
Zutat	Sastojak

Schule #1
Школа № 1

Alphabet	Alfabet
Antworten	Odgovore
Bibliothek	Biblioteke
Bleistift	Olovka
Bücher	Knjige
Freunde	Prijatelji
Klassenzimmer	Učionica
Lehrer	Učitelj
Mathematik	Matematike
Mittagessen	Ručak
Ordner	Fascikle
Papier	Papir
Prüfungen	Ispita
Quiz	Kviz
Schreibtisch	Stolu
Spass	Zabava
Stifte	Olovke
Stuhl	Stolica
Zahlen	Brojeve

Schule #2
Школа № 2

Bibliothek	Biblioteke
Bildung	Obrazovanje
Bleistift	Olovka
Bus	Autobus
Bücher	Knjige
Computer	Računar
Grammatik	Gramatike
Kalender	Kalendar
Lehrer	Učitelj
Lernen	Učenje
Lesen	Čitanje
Literatur	Književnost
Papier	Papir
Radiergummi	Gumica
Rucksack	Ranac
Schere	Makaze
Stifte	Olovke
Wissenschaft	Nauke
Wochenende	Vikende
Wörterbuch	Rečnik

Science Fiction
Naučna Fantastika

Bücher	Knjige
Dystopie	Distopija
Explosion	Eksplozije
Extrem	Ekstremne
Fantastisch	Fantastičan
Feuer	Požar
Futuristisch	Futuristički
Galaxie	Galaksija
Geheimnisvoll	Tajanstven
Illusion	Iluzije
Imaginär	Imaginarne
Kino	Bioskop
Orakel	Proročište
Planet	Planete
Realistisch	Realno
Roboter	Robota
Szenario	Scenario
Technologie	Tehnologija
Utopie	Utopije
Welt	Svet

Sommer
Leto

Bücher	Knjige
Camping	Kampovanje
Entspannung	Relaksacija
Erinnerungen	Sećanja
Essen	Hrana
Familie	Porodica
Freizeit	Slobodno
Freude	Radost
Freunde	Prijatelji
Garten	Bašta
Meer	More
Musik	Muzika
Reise	Putovati
Sandalen	Sandale
Spiele	Igre
Sterne	Zvezde
Strand	Plaža
Tauchen	Ronjenje
Urlaub	Odmor

Spielzeuge
Igračke

Auto	Kola
Ball	Lopta
Boot	Čamac
Bücher	Knjige
Drachen	Zmaj
Fahrrad	Bicikl
Favorit	Omiljeni
Flugzeug	Avion
Kunsthandwerk	Zanata
Lkw	Kamion
Phantasie	Mašte
Puppe	Lutka
Puzzle	Slagalica
Roboter	Robot
Schach	Šah
Schlagzeug	Bubnjevi
Spiele	Igre
Ton	Klej
Zug	Voz

Sport
Спортови

Athlet	Sportista
Baseball	Bejzbol
Basketball	Košarku
Bewegung	Pokret
Eishockey	Hokej
Fahrrad	Bicikl
Gewinner	Pobednik
Golf	Golf
Gymnasium	Sali
Gymnastik	Gimnastike
Mannschaft	Tim
Meisterschaft	Prvenstvo
Schiedsrichter	Sudija
Spiel	Igra
Spieler	Igrač
Stadion	Stadion
Tennis	Tenis
Trainer	Trener

Stadt
Grad

Apotheke	Apoteke
Bank	Banke
Bäckerei	Pekara
Bibliothek	Biblioteke
Blumenhändler	Cvećar
Buchhandlung	Knjižara
Flughafen	Aerodrom
Galerie	Galerija
Hotel	Hotel
Kino	Bioskop
Klinik	Klinici
Markt	Tržište
Museum	Muzej
Restaurant	Restoran
Schule	Škola
Stadion	Stadion
Supermarkt	Supermarketa
Theater	Pozorište
Universität	Univerzitet
Zoo	Zoo Vrt

Strand
Plaža

Blau	Plava
Boot	Čamac
Dock	Dok
Handtuch	Peškir
Insel	Ostrvo
Krabbe	Kraba
Küste	Obale
Lagune	Lagune
Meer	More
Ozean	Okean
Regenschirm	Kišobran
Riff	Greben
Sand	Pesak
Sandalen	Sandale
Segelboot	Jedrilica
Sonne	Sunce
Urlaub	Odmor

Surfen
Сурфовање

Anfänger	Početna
Athlet	Sportista
Beliebt	Popularna
Champion	Prvak
Extrem	Ekstremne
Geschwindigkeit	Brzina
Magen	Stomak
Mengen	Gužve
Ozean	Okean
Riff	Greben
Schaum	Pena
Spass	Zabava
Stärke	Snage
Stil	Stil
Strand	Plaža
Welle	Talas
Wetter	Vreme

Tage und Monate
Dani i Meseci

April	April
August	Avgust
Dezember	Decembar
Dienstag	Utorak
Donnerstag	Četvrtak
Februar	Februar
Freitag	Petak
Jahr	Godina
Januar	Januar
Juli	Jul
Juni	Jun
Kalender	Kalendar
Mittwoch	Sreda
Monat	Meseca
Montag	Ponedeljak
November	Novembar
Oktober	Oktobar
Samstag	Subota
September	Septembar
Woche	Nedelja

Tanzen
Dance

Akademie	Akademije
Anmut	Grejs
Ausdrucksvoll	Izražajan
Bewegung	Pokret
Choreographie	Koreografija
Emotion	Emocija
Freudig	Radosno
Haltung	Stav
Klassisch	Klasične
Körper	Telo
Kultur	Kultura
Kulturell	Kulturni
Kunst	Umetnost
Musik	Muzika
Partner	Partner
Probe	Probe
Rhythmus	Ritam
Traditionell	Tradicionalni
Visuell	Vizuelni

Technologie
Tehnologija

Anzeige	Prikaz
Bildschirm	Ekran
Blog	Blog
Browser	Pregledač
Bytes	Bajtova
Computer	Računar
Cursor	Kursora
Datei	Datoteka
Daten	Podataka
Digital	Digitalni
Forschung	Istraživanje
Internet	Internet
Kamera	Kamera
Nachricht	Poruka
Sicherheit	Sigurnost
Software	Softver
Statistik	Statistika
Virtuell	Virtuelni
Virus	Virus

Tugenden #1
Врлине Бр.

Bescheiden	Skroman
Charmant	Šarmantan
Effizient	Efikasan
Entscheidend	Odlučujući
Geduldig	Pacijent
Grosszügig	Velikodušan
Gut	Dobro
Hilfreich	Korisno
Intelligent	Inteligentan
Komisch	Smešno
Künstlerisch	Umetničke
Leidenschaftlich	Strastveni
Neugierig	Radoznao
Praktisch	Praktične
Sauber	Čist
Unabhängig	Nezavisna
Weise	Mudar
Zuverlässig	Pouzdan

Urlaub #2
Одмор # 2

Ausländer	Stranac
Ausländisch	Strani
Camping	Kampovanje
Flughafen	Aerodrom
Freizeit	Slobodno
Hotel	Hotel
Insel	Ostrvo
Karte	Mapa
Meer	More
Pass	Pasoš
Reise	Putovanje
Restaurant	Restoran
Strand	Plaža
Taxi	Taksi
Transport	Prevoz
Urlaub	Odmor
Visum	Viza
Zelt	Šator
Ziel	Odredište
Zug	Voz

Vögel
Ptice

Adler	Orao
Ei	Jaje
Ente	Patka
Eule	Sova
Flamingo	Flamingo
Gans	Guska
Huhn	Pile
Krähe	Vrana
Kuckuck	Kukavica
Möwe	Galeb
Papagei	Papagaj
Pelikan	Pelikan
Pfau	Paun
Pinguin	Pingvin
Rabe	Gavran
Reiher	Heron
Schwan	Labud
Spatz	Vrapca
Storch	Roda
Taube	Golub

Wandern
Planinarenje

Berg	Planine
Camping	Kampovanje
Führer	Vodiči
Gefahren	Opasnosti
Gipfel	Samit
Karte	Mapa
Klima	Klima
Klippe	Klif
Müde	Umoran
Natur	Priroda
Orientierung	Položaj
Schwer	Teška
Sonne	Sunce
Steine	Kamenje
Stiefel	Čizme
Tiere	Životinje
Vorbereitung	Priprema
Wasser	Voda
Wetter	Vreme
Wild	Divlja

Wasser
Voda

Bewässerung	Navodnjavanje
Dampf	Pare
Dusche	Tuš
Eis	Led
Feucht	Vlažne
Feuchtigkeit	Vlage
Fluss	Reke
Flut	Poplava
Frost	Mraz
Geysir	Gejzir
Hurrikan	Uragan
Kanal	Kanal
Monsun	Monsun
Ozean	Okeana
Regen	Kiše
Schnee	Sneg
See	Jezero
Trinkbar	Pitke
Verdunstung	Isparavanja
Wellen	Talasa

Wetter
Vreme

Atmosphäre	Atmosfera
Blitz	Munje
Brise	Povetarac
Donner	Grmljavina
Dürre	Suše
Eis	Led
Himmel	Nebo
Hurrikan	Uragan
Klima	Klima
Monsun	Monsun
Nebel	Magla
Polar	Polarni
Regenbogen	Duga
Sturm	Oluja
Temperatur	Temperatura
Tornado	Tornado
Trocken	Suva
Tropisch	Tropske
Wind	Vetar
Wolke	Oblak

Wissenschaft
Nauka

Atom	Atom
Chemisch	Hemijske
Daten	Podataka
Evolution	Evolucije
Experiment	Eksperiment
Fossil	Fosil
Hypothese	Hipoteze
Klima	Klima
Labor	Laboratorija
Methode	Metod
Mineralien	Minerala
Moleküle	Molekula
Natur	Priroda
Organismus	Organizma
Partikel	Čestice
Pflanzen	Biljke
Physik	Fizike
Schwerkraft	Gravitacije
Tatsache	Stvari
Wissenschaftler	Naučnik

Wissenschaftliche Disziplinen
Naučne Discipline

Anatomie	Anatomije
Archäologie	Arheologije
Astronomie	Astronomije
Biochemie	Biohemije
Biologie	Biologije
Botanik	Botanike
Chemie	Hemije
Geologie	Geologije
Immunologie	Imunologije
Kinesiologie	Kineziologije
Linguistik	Lingvistike
Mechanik	Mehanike
Mineralogie	Mineralogija
Neurologie	Neurologije
Ökologie	Ekologije
Physiologie	Fiziologije
Psychologie	Psihologije
Soziologie	Sociologije
Thermodynamik	Termodinamike
Zoologie	Zoologije

Zahlen
Brojevi

Acht	Osam
Achtzehn	Osamnaest
Dezimal	Decimalne
Drei	Tri
Dreizehn	Trinaest
Fünf	Pet
Fünfzehn	Petnaest
Neun	Devet
Neunzehn	Devetnaest
Null	Nula
Sechs	Šest
Sechzehn	Šesnaest
Sieben	Sedam
Siebzehn	Sedamnaest
Vier	Četiri
Vierzehn	Četrnaest
Zehn	Deset
Zwanzig	Dvadeset
Zwei	Dva
Zwölf	Dvanaest

Zeit
Vreme

Früh	Rano
Gestern	Juče
Heute	Danas
Jahr	Godina
Jahrhundert	Vek
Jahrzehnt	Decenije
Jährlich	Godišnje
Jetzt	Sada
Kalender	Kalendar
Minute	Minut
Mittag	Podne
Monat	Meseca
Morgen	Jutro
Nach	Posle
Nacht	Noć
Tag	Dan
Uhr	Sat
Vor	Pre
Woche	Nedelja
Zukunft	Budućnost

Zirkus
Cirkus

Affe	Majmun
Akrobat	Akrobat
Clown	Klovn
Elefant	Slon
Fahrkarte	Kartu
Jongleur	Žongler
Kostüm	Kostim
Löwe	Lav
Magie	Magija
Musik	Muzika
Parade	Parada
Spektakulär	Spektakularan
Tiere	Životinje
Tiger	Tigar
Trick	Trik
Unterhalten	Zabavljam
Zauberer	Mađioničar
Zeigen	Prikaži
Zelt	Šator
Zuschauer	Gledalac

Zu Füllen
Za Popunjavanje

Becken	Basen
Box	Kutija
Eimer	Kofu
Fass	Bure
Flasche	Boca
Karton	Karton
Kiste	Sanduk
Koffer	Kofer
Korb	Korpi
Krug	Teglu
Mappe	Fasciklu
Paket	Paket
Rohr	Cev
Schublade	Fioka
Tablett	Ležište
Tasche	Torba
Umschlag	Koverte
Vase	Vaza

Gratuliere

Sie haben es geschafft !!

Wir hoffen, dass euch dieses Buch genauso viel Spaß gemacht hat wie uns dessen Herstellung. Wir tun unser Bestes, um qualitativ hochwertige Spiele zu erfinden. Diese Rätsel sind auf eine clevere Art und Weise entworfen, damit sie aktiv lernen und daran Vergnügen finden.

Hat ihnen das Buch gefallen ?

Eine einfache Bitte

Unsere Bücher existieren dank der Rezensionen, die sie veröffentlichen. Können sie uns helfen indem sie jetzt eine Meinung hinterlassen ?

Hier ist ein kurzer Link, der Sie zu ihrer Bewertungsseite führt

 BestBooksActivity.com/Rezension50

MONSTER HERAUSFÖRDERUNGEN !

Herausförderung 1

Bereit für ihr Bonusspiel? Wir verwenden sie ständig, aber sie sind nicht einfach zu finden. Es sind die **Synonyme** !

Notieren sie 5 Wörter, die sie in den untenstehenden Rätseln (Nummer 21, 36 und 76) entdeckt haben und versuchen sie für jedes Wort 2 Synonyme zu finden .

Notieren sie 5 Wörter aus *Rätsel 21*

Wörter	Synonym 1	Synonym 2

Notieren sie 5 Wörter aus *Rätsel 36*

Wörter	Synonym 1	Synonym 2

Notieren sie 5 Wörter aus *Rätsel 76*

Wörter	Synonym 1	Synonym 2

Herausförderung 2

Jetzt, wo sie warm sind, notieren sie 5 Wörter, die sie in jedem der untenaufgeführten Rätseln entdeckt haben (Nummer 9, 17 und 25) und versuchen sie für jedes Wort 2 Antonyme zu finden. Wie viele davon können sie binnen 20 Minuten finden ?

Notieren sie 5 Wörter aus **Rätsel 9**

Wörter	Antonym 1	Antonym 2

Notieren sie 5 Wörter aus **Rätsel 17**

Wörter	Antonym 1	Antonym 2

Notieren sie 5 Wörter aus **Rätsel 25**

Wörter	Antonym 1	Antonym 2

Herausförderung 3

Wunderbar, diese Monster Herausförderung 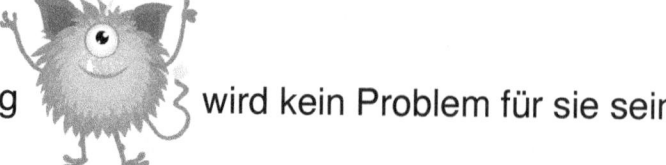 wird kein Problem für sie sein !

Bereit für die letzte Herausförderung? Wählen sie ihre 10 Lieblingswörter aus, die sie in einem Rätsel entdeckt haben und notieren sie sie unten.

1.	6.
2.	7.
3.	8.
4.	9.
5.	10.

Die Aufgabe besteht nun darin mit diesen Wörtern und in maximal sechs Sätzen einen Text herzustellen über eine Person, ein Tier oder ein Ort den sie lieben !

Tipp : sie können die letzten leeren Seiten dieses Buches als Entwurf verwenden

Ihr Schreiben :

NOTIZBUCH :

AUF BALDIGES WIEDERSEHEN !

Linguas Classics

KOSTENLOSE SPIELE GENIESSEN

GO

↓

BESTACTIVITYBOOKS.COM/FREEGAMES

www.ingramcontent.com/pod-product-compliance
Lightning Source LLC
Chambersburg PA
CBHW082102120626
46553CB00011B/3504